THE CAMBRIDGE CONTACT READERS

General Editors: E. K. BENNETT, M.A., and G. F. TIMPSON, M.A.

Series II

MARTIN LUTHER
EIN LEBENSBILD

BY THE BARONESS SEYDEWITZ

WITH EIGHT ILLUSTRATIONS BY M. D. SWALES

CAMBRIDGE

AT THE UNIVERSITY PRESS

1936

CAMBRIDGE
UNIVERSITY PRESS

University Printing House, Cambridge CB2 8BS, United Kingdom

Cambridge University Press is part of the University of Cambridge.

It furthers the University's mission by disseminating knowledge in the pursuit of education, learning and research at the highest international levels of excellence.

www.cambridge.org
Information on this title: www.cambridge.org/9781107494602

© Cambridge University Press 1936

First published 1936
Re-issued 2015

A catalogue record for this publication is available from the British Library

ISBN 978-1-107-49460-2 Paperback

INTRODUCTION

Martin Luther is one of the greatest figures in Western history. His work marked the beginning of a new period in European life, and its influence on the development of our own country was profound. Luther and his followers were greatly encouraged by the writings of John Wyclif; their own words and deeds fanned the smouldering fires of independent thought throughout Britain, and prepared the way for the eager reception of the English New Testament, which was translated by William Tyndale in Germany under the protection of Luther's followers, printed by them and smuggled into England in bales of merchandise. The letters "Fid. Def." on our coins are a reminder of the efforts of Henry VIII to combat the doctrines of Luther, and the fact that they are retained to this day with the exact opposite meaning are a tribute to the triumph of his work.

To Germany, divided as it was into numerous states, some of which remained loyal to the Pope, Luther must have seemed either saint or devil, and much of the best of his work was wiped out in the terrible Thirty Years' War. But he had raised the standard of independent thought, and by his noble translation of the Bible he created the literary language of modern Germany. The immense care which he took to make his translation readily understandable to all classes of the nation was rewarded by its acceptance as the standard for all literary work, and the numerous dialects of Middle High German were thus replaced by a single literary language, which until 1871 was the only bond which united all Germans.

In the picture of Luther burning the Papal Bull in 1520, our illustrator has followed the not uncommon practice of giving him the dress of a Professor and a Doctor of Theology. Luther did not entirely abandon the monastic habit until 1524, and he certainly appeared before the Diet at Worms in his monk's habit and sandals; but it is certain that he wore his Doctor's hat and ring before this, and it would have been characteristic of him to dress himself completely for the part when openly defying the Papal authority.

G. F. TIMPSON

WYCLIFFE COLLEGE,
1 *January* 1936

Inhaltsverzeichnis

Meinen lieben Freunden

in den Lutherstädten

EISENACH

ERFURT

WITTENBERG

I. Der Bergmannssohn

(1483–1501)

Schwere Sorge herrschte im ärmlichen Heim von Hans und Margarete Luther in Eisleben in Thüringen, als am Martinstag (10. November) 1483 kurz vor Mitternacht ihr ältester Sohn geboren wurde. Am folgenden Tage wurde er auf den Namen Martin getauft. Seine Eltern waren entschlossen, ihm eine möglichst gute Erziehung zu geben, damit er es später besser haben sollte, als sie selber. Hans Luther war von Haus aus Bauer und Schieferhauer, jetzt Bergmann, konnte aber bei allem Fleiß kaum das tägliche Brot für sich und die Seinen verdienen. Margarete Luther stammte aus einer Bürgerfamilie. Sie war praktisch, sparsam und fleißig. Auch sie hatte schöne Zukunftsträume für ihren Ältesten. Sie wollte keine Mühe, kein Opfer scheuen, wenn nur etwas Rechtes aus ihm würde.

Als der kleine Martin etwa ein halbes Jahr alt war, zogen seine Eltern nach dem nahen Mansfeld, wo sie zwar ihr Auskommen fanden, aber Jahre lang in großer Armut lebten. Es war nicht leicht, sieben Kinder großzuziehen und dem ältesten Sohne eine besonders gute Erziehung zu geben. Der kleine Martin sah oft, wie seine Mutter im Walde Brennholz sammelte und mühsam auf dem Rücken heimtrug. Sie war, wie auch ihr Mann, untersetzt aber kräftig gebaut. Beide waren tief religiös. Hans Luther, obwohl ein guter Katholik, verachtete die Mönche, insbesondere die Bettelmönche, als faul und meinte, man diene

Gott am besten durch ein arbeitsreiches Leben in der Welt.
In der Regel schweigsam, konnte er unter Umständen seine
Meinung klar ausdrücken und begründen, wie später sein
großer Sohn. Margarete Luther war sehr abergläubisch.
Sie hat ihrem Martin ihren Glauben an Hexen und Teufel
ebensosehr mitgegeben, wie ihr poetisches Empfinden und
ihre Liebe zum Gesang.

Das schwere Leben hatte die Eltern Luther hart und
verschlossen gemacht. Trotz ihrer Liebe zu ihren Kindern,
hielten sie es für ihre Pflicht, sie mit großer Strenge zu
behandeln. Als ganz kleiner Junge hatte Martin einmal
ein paar Nüsse gestohlen. Er wurde dafür von seiner
Mutter so grausam blutiggeschlagen, daß er Angst vor ihr
bekam. Auch der Vater strafte jede kleine Unart unbarm=
herzig.

In der Schule hatten es die verschüchterten Lutherkinder
nicht viel besser. Der Mansfelder Lehrer griff gleich zum
Stock, wenn ein Kind eine Frage nicht beantworten konnte.
Den armen Martin hat er an einem einzigen Vormittage
fünfzehn Mal geschlagen wegen einer lateinischen Dekli=
nation, die er ihm nicht erklärt hatte — und nach jeder
Strafe wurde es dem Jungen schwerer, klar zu denken.

Als Martin mit einem andern Mansfelder Jungen nach
Magdeburg ging, war sein ganzes Wissen, mit vierzehn
Jahren, nur Lesen, Schreiben und ein wenig Latein. In
Magdeburg lernten sie bei den Klosterbrüdern zwar mehr,
hatten es aber sonst nicht gut und bekamen oft nicht satt zu
essen. Wie so viele arme Schüler jener Zeit, gingen sie von
Tür zu Tür, sangen mit ihren klaren Knabenstimmen und
baten dann schüchtern: „Panem propter Deum!" Sie

bekamen aber mehr unfreundliche Worte, als milde
Gaben. Kein Wunder, daß Martin blaß und elend wurde
und nach einem Jahre Fieber bekam und heimkehren
mußte.

In Magdeburg sah der Junge oft die Bettelmönche in
den Straßen für ihr Kloster oder ihren Orden Essen und
Geld sammeln. Einer dieser Mönche war ein stattlicher
Mann mit edlem Gesicht und traurigen Augen, dem das
Betteln offenbar nicht leicht fiel. Martin erfuhr, daß dieser
Mönch von Haus aus Prinz gewesen sei und um sein
Seelenheil der Welt entsagt hätte. Der junge Luther hat
den starken Eindruck nie vergessen, den dieser Bettelmönch
auf ihn machte.

Nach seiner Genesung in Mansfeld, wurde Martin nach
Eisenach geschickt, wo er Verwandte hatte, die sich aber
wenig um ihn kümmerten. Er besuchte die ausgezeichnete
Lateinschule von St. Georg und sang mit anderen Schülern
dieser Schule im Chor der St. Georgskirche, wo sein
schöner Knabenalt, sein andächtiges Beten und sein blasses,
leidendes Gesicht der vornehmen Frau Ursula Cotta auf=
fielen. Auch in Eisenach mußte Martin seinen Unterhalt
durch Straßensingen selber bestreiten, aber als Chorknabe
gehörte er zu den Kurrendschülern, die es in einigen
deutschen Städten noch heute gibt. Eines Tages sangen die
Knaben vor dem schönen Patrizierhause des Bürger=
meisters Cotta. Frau Ursula, die am Fenster nähte, er=
kannte in dem einen den Chorknaben, der ihr in der Georgs=
kirche aufgefallen war. Sie rief ihn ins Haus, gab ihm
zu essen und unterhielt sich lange mit ihm. Nachher er=
zählte sie ihrem Gatten, Herrn Konrad Cotta, von diesem

armen ſtrebſamen Schüler und das Ehepaar beſchloß, ihn
bei ſich aufzunehmen.

Nun ging es Martin endlich gut. Er hatte keine Sorgen
und konnte in ſeinem freundlichen Arbeitszimmerchen
eifrig ſtudieren. Er hatte liebe Geſpielen an den Cotta=
kindern und nahm an einem glücklichen und harmoniſchen
Familienleben Teil. Seine geliebte Pflegemutter lehrte
ihn ein Sprüchlein, deſſen Wahrheit er in dieſem wohl=
habenden Bürgerhauſe täglich von neuem empfand:

> „Nichts Lieberes gibt es auf Erden,
> Als Frauenlieb', wem ſie mag werden."

Mitunter beſuchte Luther ſeine Verwandten in Thürin=
gen, natürlich auch ſeine Eltern und Geſchwiſter, die
mächtig ſtolz auf ihn waren und ſich freuten, ihn bei Cottas
ſo gut untergebracht zu wiſſen. Er kehrte immer gern in
ſein liebes Eiſenach zurück, denn er liebte das freundliche
Städtchen inmitten des herrlichen Thüringerwaldes, am
Fuße der alten ſagenreichen Wartburg. Auch in die Georgs=
ſchule ging er gern, denn hier herrſchte kein grauſamer
Deſpot mit einem Stocke, wie in Mansfeld, ſondern ein
gelehrter und menſchenfreundlicher Rektor, der ſeine
Schüler beim Betreten des Klaſſenzimmers höflich grüßte
und vor ihnen das Barett abnahm, das er erſt wieder
aufſetzte wenn er ſich auf ſeinen Stuhl am Lehrerpult
ſetzte. Er verlangte dasſelbe von den anderen Lehrern und
ſagte zu ihnen:

> „Unter den Knaben ſind Leute, aus denen Gott Bürger=
> meiſter, Kanzler, Doktores und Magiſtratsperſonen machen
> kann, obwohl ich es jetzt nicht ſehe; darum ſollt ihr ſolche
> wohl ehren."

Der gute Rektor hat aber nicht geahnt, daß er drei Jahre lang einen Welterschütterer unter seinen Schülern haben durfte. Wer konnte aber auch in dem freundlichen, fleißigen Knaben, der im Cottaschen Hause wohnte und so schön in der Georgskirche sang, den späteren großen Reformator vermuten?

II. Student und Mönch

(1501—1509)

Als fröhlicher, fleißiger und wissensdurstiger Student verlebte Martin Luther ein paar glückliche Jahre in der blühenden Handels- und Universitätsstadt Erfurt. Auf Wunsch seines Vaters, dem es jetzt besser ging und der seinem Sohne die nötigen Mittel dazu geben konnte, studierte er Jura. Er interessierte sich aber auch für alte Sprachen, Philosophie und Geschichte. Mit achtzehn Jahren war er Baccalaureus der Philosophie. Ein Jahr später entdeckte er in der Universitätsbibliothek eine lateinische Bibel, die er von Anfang zu Ende mit Begeisterung las und die einen ungeheuren Eindruck auf ihn machte. Während einer schweren Krankheit lernte der musikalische und musikliebende Jüngling Laute spielen. Anfang 1505 war er bereits Magister der freien Künste und Doktor der Philosophie. Der stolze Vater verfolgte mit Freude das Studium seines hochbegabten ältesten Sohnes und sah ihn schon im Geiste, als eine Zierde der Rechtswissenschaft, Ruhm und Reichtum erringen.

Martin war aber nicht mehr so glücklich und zufrieden,

wie zu Anfang seiner Studentenzeit. Körperlich und
seelisch waren die Leiden und Entbehrungen seiner Kind=
heit nicht spurlos an ihm vorübergegangen. Seine Gesund=
heit war erschüttert. Er grübelte viel über Leben und Tod,
über Sünde und göttliche Gerechtigkeit. Sein Bibel=
studium und der Tod seines besten Freundes ließen ihn
nicht zur Ruhe kommen. Wenn er einem Bettelmönch in
den Straßen begegnete, erinnerte er sich des vornehmen
Mannes aus fürstlichem Hause, den er in Magdeburg ge=
sehen hatte und der um sein Seelenheil der Welt entsagt
hatte. Bange Fragen um sein eignes Seelenheil quälten
ihn. Er litt umsomehr, als er alles in sich verschloß und
niemandem etwas davon sagte.

Da kam, an einem schwülen Julinachmittage des Jahres
1505, die große Krise im Leben des jungen Mannes.
Außerhalb der Stadt wurde er auf freiem Felde von einem
schrecklichen Gewitter überrascht. Rings um ihn flammte
der Blitz und krachte der Donner; vom strömenden Regen
war er bald bis auf die Haut durchnäßt; er konnte sich im
heftigen Sturmwind kaum vorwärtskämpfen. Er dachte an
die Schrecken des Jüngsten Gerichts; er dachte an die
heilige Anna, Mutter der Jungfrau Maria, deren Schutz
die Mansfelder Bergleute in der Gefahr anriefen. Da
schlug der Blitz dicht vor ihm in einen Baum ein, — so
dicht, daß er meinte, seine letzte Stunde habe geschlagen.
Der Schreck warf ihn zu Boden, und alle Seelennot der
letzten Jahre gipfelte in einem plötzlichen Entschluß.

„Hilf, liebe heilige Sankt Anna!" rief er laut aus.
„Hilf — ich will Mönch werden."

Vater Luther war außer sich, als ihm Martin seinen

Entſchluß mitteilte. Aber kein Befehl, keine Bitte half.
Die Mutter war ebenſo enttäuſcht, wie ihr Mann, daß alle
Opfer umſonſt ſein ſollten und ihr Sohn ſich im Kloſter
begraben wolle. Er aber blieb feſt. Er lud ſeine Erfurter
Freunde und Studiengenoſſen zu einem letzten luſtigen
Mahle mit Geſang und Lautenſpiel ein. Dann nahm er
Abſchied von ihnen. Am folgenden Tage begleiteten ſie
ihn bis an die Pforte des Auguſtinerkloſters. Er zog die
Glocke, wurde vom Bruder Pförtner eingelaſſen und war
für ſie verloren. Wenn ſie ihn nachher wiederſahen, war
es als Novize, in der ſchwarzen Ordenstracht, einen Sack
über der Schulter, demütig um milde Gaben fürs Kloſter
bittend. Es wurde ihm nicht leicht, ſo als Bettelmönch
durch die Straßen zu ziehen, neben den religiöſen Übun=
gen die niedrigſten Arbeiten zu verrichten, nicht mehr leſen
und ſtudieren zu dürfen. Er befolgte aber ſtreng jede
Ordensregel. Keiner der Kloſterbrüder betete, faſtete,
kaſteite ſich mehr, keiner war mehr um ſein Seelenheil
beſorgt, als er. Nach ſeinem Probejahre nahm er das
Mönchsgelübde des Gehorſams, der Armut und der Keuſch=
heit. Er hieß jetzt Bruder Auguſtinus, nach dem großen
Kirchenvater, deſſen Schriften er beſonders ſchätzte. Er
bekam eine eigne Zelle im Erfurter Kloſter und durfte
wieder religiöſe und philoſophiſche Bücher leſen.

Aber auch als Mönch fand er keine Ruhe. Er las und
grübelte, wachte, betete und faſtete, bis ſeine geſchwächte
Geſundheit verſagte. Als er krank war, beſuchte ihn ein
alter Ordensbruder und tröſtete ihn durch ſeinen Hinweis
auf die Vergebung der Sünden im apoſtoliſchen Glaubens=
bekenntnis. Auch der freundliche Generalvikar der deut=

ſchen Auguſtiner, Johann Staupitz, half ihm durch ſein
Verſtändnis, und mit dieſem klugen und erfahrenen Manne
konnte ſich Luther ausſprechen. Staupitz erkannte, daß
dieſer junge Mönch weit über den Durchſchnitt begabt und
gebildet war und eine ſeltene Rednergabe beſaß. Die Folge
ihrer Geſpräche war, daß im Frühjahr 1507 Bruder
Auguſtinus die Prieſterweihe erhielt. Zu dieſer Feier
durfte er ſeinen Vater einladen. Der alte Luther kam nach
Erfurt, hörte ſeinen Sohn zum erſten Male die Meſſe leſen
und ſöhnte ſich mit ihm aus.

Der Generalvikar Staupitz war es auch, der dem Kurfür=
ſten Friedrich III. von Sachſen — bekannt als Friedrich
der Weiſe — für die neugegründete Univerſität in ſeiner
Reſidenzſtadt Wittenberg den jungen Doktor, Magiſter und
Prieſter als Profeſſor der Philoſophie vorſchlug. Martin
Luther war noch nicht ganz fünfundzwanzig Jahre alt, als
er ins Auguſtinerkloſter zu Wittenberg überſiedelte und
Univerſitätsprofeſſor wurde. Es war jedoch ſein größter
Wunſch, Theologie vorzutragen, und ſchon nach einem
Jahre kehrte er zu weiterem Studium ins Erfurter Kloſter
zurück.

III. **Bruder Auguſtinus in Rom**
(1510–1511)

Im Herbſte des Jahres 1510 pilgerten zwei deutſche
Auguſtinermönche in Sandalen und ſchwarzen Kutten nach
Rom. Der ältere hatte wichtige Ordensangelegenheiten
mit dem Papſte Julius II. zu beſprechen. Sein Reiſe=

gefährte mit dem ernſten, durchgeiſtigten Geſicht und den
klugen dunklen Augen war der ſiebenundzwanzigjährige
Bruder Auguſtinus, der Sohn des Bergmanns Luther. Zu
Fuß, faſt immer ſchweigend, häufig betend, gingen die zwei
Auguſtiner hintereinander her. Zu Raſt und Erfriſchung
kehrten ſie in Klöſter ein, möglichſt in die ihres Ordens. So
durchwanderten ſie Bayern, Schwaben, die Schweiz, über=
ſchritten die Alpen und kamen in das ſchöne Land Italien.
Es ſtörte ſie nicht, daß man dort ihre deutſche Sprache
nicht verſtand, denn damals konnten Gelehrte, Geiſtliche
und Mönche in allen Kulturländern Latein. Sie konnten
ſich ſogar in dieſer Sprache unterhalten.

Als die Pilger Ende November ihr Reiſeziel aus der
Ferne erblickten, warf ſich der jüngere auf die Knie und
rief:

„Sei gegrüßt, du heiliges Rom! Dreimal heilig von der
Märtyrer Blut, das in dir vergoſſen iſt.“

Die beiden ſchritten durch das alte Tor, die Porta del
Popolo, in Rom ein. Sie kehrten ſtaubig, müde, aber tief
dankbar in das danebenſtehende Auguſtinerkloſter ein, wo
ſie von den Ordensbrüdern gaſtlich aufgenommen wurden.

Wochenlang zog Bruder Auguſtinus, der junge Witten=
berger Profeſſor, in der „heiligen Stadt“ umher. Er be=
ſuchte Kirchen und Gedenkſtätten und ſtieg hinab in die
Katakomben, wo einſt die verfolgten Mitglieder der Ur=
kirche eine Zuflucht geſucht und dann im Tode geruht
hatten. Merkwürdigerweiſe hatte der Mann, der mit der
lateiniſchen Sprache und der alten Geſchichte ſo vertraut
war, wenig Intereſſe für das alte Rom, noch weniger für
die Kunſtſchätze, die es ſchon damals dort gab. Für ihn war

Rom eben nur ein religiöſer Mittelpunkt, die Wohnſtätte
des Stellvertreters Chriſti auf Erden, des Heiligen Vaters
Julius II. Entſetzt hörte er die Römer ſagen: „Gibt es
eine Hölle, dann iſt Rom gewiß darauf gebaut." Allerdings
vermißte er — bei Geiſtlichen wie bei Laien — die ſchlichte
Andacht, die er ans Deutſchland gewohnt war. Er ſah, wie
die Prieſter, um möglichſt viele Totenmeſſen bezahlt zu
bekommen, ſie „rips raps" hinunter plapperten. Als er
einſt andächtig eine Meſſe las, riefen ihm italieniſche
Prieſter von hinter dem Altare zu: „Paſſa, paſſa."

Der fromme Mönch, der in Rom Gott ſuchte, wollte
alles glauben, was ſeine Kirche lehrte. Er tat auch alles,
was er nur konnte, für ſein Seelenheil. So ging er auch
zur Scala Santa. Dieſe Marmortreppe ſoll die heilige
Helena aus dem Hauſe des Pontius Pilatus nach Rom
gebracht haben, und Jeſus ſoll die achtundzwanzig Stufen
derſelben am Karfreitag hinauf und hinab gegangen ſein.
Der gläubige Katholik, der ſie betend auf den Knien be=
ſteigt, erhält einen Ablaß von 261 Jahren. Auch Luther
wollte dieſe Gnade erringen. Als er aber auf halbem Wege
war, hörte er plötzlich eine innere Stimme, welche ihm
die Worte des Propheten Habakuk zurief: „Der Gerechte
wird ſeines Glaubens leben." Mit einem Ruck ſtand er auf
und ging dann hochaufgerichtet die Heilige Treppe hin=
unter.

Als Martin Luther mit ſeinem Gefährten Rom verließ,
war er noch ein gläubiger Sohn der katholiſchen Kirche.
Mancher Zweifel war jedoch in ihm aufgeſtiegen; manches
Samenkorn war in ſeine Seele gefallen, das erſt viel
ſpäter Frucht tragen ſollte. Dann aber erklärte er: „Nicht

100,000 Gulden wollte ich dafür nehmen, daß ich das Treiben in Rom nicht mit eignen Augen gesehen hätte."

IV. Der Ablaß= und Thesenstreit

(1512–1520)

Im Oktober 1512 wurde dem Augustinermönch Martin Luther Doktorhut und Doktorring unter Glockengeläut feierlich überreicht. Er war jetzt Doktor der Theologie und durfte als Professor der Theologie an der Universität Wittenberg wirken. Junge Studenten und reife Männer hörten ihm mit gleicher Begeisterung zu, und der Rektor der Universität sagte von ihm: „Der Mönch wird eine neue Lehre aufbringen und die ganze römische Kirche reformieren."

Sein geistlicher Vorgesetzter Staupitz, der viel von ihm erwartete, veranlaßte ihn, zu predigen, zuerst nur für die Klosterbrüder, später in der Stadtkirche für eine immer größere Gemeinde. Luther selber legte großen Wert auf die Predigttätigkeit des Geistlichen und hat mitunter bis zu vier Predigten an einem Tage gehalten, immer auf Grund der Bibel, die er wie kaum einer kannte und liebte. Um sie in der Ursprache lesen zu können, lernte er jetzt eifrig Griechisch und Hebräisch.

Einen verständnisvollen Freund und Helfer fand Luther in dem vierzehn Jahre jüngeren Philipp Melanchthon, der 1518 mit einundzwanzig Jahren als Professor des Grie= chischen an die Universität Wittenberg berufen wurde. Sein Vater, ein Waffenschmied, hieß Schwarzerd, aber Philipp übersetzte den Namen ins Griechische. Er hieß bald der Lehrer Deutschlands und wurde weltberühmt, einerseits als Humanist und Gelehrter, andererseits als Freund, Jünger und Mitarbeiter Luthers. Die beiden trugen viel dazu bei, die junge Universität Wittenberg zu großem Ansehen zu bringen und die Studentenzahl zu steigern.

Auch als Vikar war Luther in seinem Orden tätig. Er war für elf Augustinerklöster verantwortlich und mußte in Ordensgeschäften viel unterwegs sein. Man wundert sich, daß er dabei noch gewissenhaft und pflichttreu sein Lehramt und sein Priesteramt ausführen konnte. Als im Oktober 1516 die Pest in Wittenberg wütete und viele flohen, blieb er ruhig auf seinem Posten und sagte: „Die Welt, hoffe ich, wird nicht einfallen, wenn Bruder Martin dahinfällt."

Er blieb von der bösen Seuche verschont, um gleich im nächsten Jahre mit seiner ersten großen reformatorischen Tat in die Öffentlichkeit zu treten.

Die Frage des Ablasses hatte Martin Luther lange be= schäftigt. Jetzt drängte sie sich ihm auf im Zusammenhang mit einem andern Mißbrauch päpstlicher Macht. Leo X., der Nachfolger Julius II., brauchte viel Geld für seine üppige Lebensführung, seinen prunkvollen Hof, die Befrie= digung seiner Kunstliebe und den Bau seiner gewaltigen Peterskirche. Hierzu beutete er zwei Einnahmequellen aus, die in grellem Widerspruch zu Luthers Ideal von der Kirche Christi standen: er verkaufte Kirchenämter und er richtete in allen katholischen Ländern einen ausgedehnten Ablaßhandel ein. Dem Erzbischof Kurfürsten Albrecht von Mainz, der erst in den Zwanzigen stand, hatte er für eine große Summe mehrere hohe Kirchenwürden verliehen. Das

hierfür geborgte Geld konnte Albrecht erst zurückzahlen, als
ihm Leo für acht Jahre das Ablaßrecht innerhalb seiner
Bistümer verlieh. Von dem Ertrag sollte Albrecht die eine
Hälfte behalten und die andere Hälfte an den Papst nach
Rom schicken. Sein unverschämtester und erfolgreichster
Ablaßprediger war der Dominikanermönch Johannes Tet=
zel. Friedrich der Weise verschloß sein Land für diesen
Ablaßhandel des Papstes und Erzbischofs. Tetzel kam aber
dicht an die Grenze, in unmittelbare Nähe von Wittenberg,
und viele Wittenberger gingen zu ihm. Er schilderte in
seinen Predigten mit grausiger Lebendigkeit und viel Phan=
tasie die Qualen des Fegefeuers und beschwor seine Hörer,
ihre lieben Verstorbenen durch den Kauf eines Ablaß=
zettels zu befreien. Er pflegte zu sagen:

> „Sobald das Geld im Kasten klingt,
> Die Seele in den Himmel springt.“

Aber auch den Lebenden versprach Tetzel, durch die
Kraft seiner Ablaßzettel, vom Papste, als vom Stellver=
treter Gottes, die Vergebung aller Sünden, der began=
genen wie der zu begehenden, sowie die Gewißheit, gleich
beim Tode in den Himmel zu gelangen. Reue und Buße,
so versicherte er, seien gar nicht nötig, wenn man einen päpst=
lichen Ablaß erworben habe, und jeder Priester müsse
Absolution erteilen.

Von seinen Beichtkindern hatte Luther bei der Abso=
lution stets Reue und Buße verlangt. Wenn man ihm
jetzt Tetzels Ablaßzettel vorzeigte und ohne weiteres seine
Freisprechung erwartete, verweigerte er sie energisch. Es
schien ihm aber nicht genug, in Einzelfällen gegen diesen

Mißbrauch vorzugehen. Nach der akademischen Sitte der Zeit, wollte er die ganze Sache öffentlich zur Sprache bringen und Besprechungen über die Ablaßfrage herbei= führen. In seiner Klosterzelle arbeitete er fünfundneunzig Thesen oder Sätze gegen den Ablaß aus und schrieb sie sauber ab. Am Vorabend des Allerheiligenfestes, das im= mer in der vollgedrängten Schloßkirche besonders gefeiert wurde, schlug er seine Thesen dort am Portal an. Er hatte auch eine deutsche Übersetzung gemacht. Bald wurden die Thesen in beiden Sprachen gedruckt und in alle Teilen Deutschlands verbreitet. Luther selber konnte freilich nicht ahnen, daß mit dem Anschlag seiner Thesen die Refor= mation ihren Anfang genommen hatte.

Der Papst hielt sie zunächst nur für „Mönchsgezänk", befahl jedoch dem kühnen Augustiner, nach Rom zu kom= men. Friedrich der Weise erhielt aber vom Deutschen Kaiser Maximilian I. die Anweisung, den Mönch gut zu schützen, denn man würde ihn vielleicht später nötig haben. Luther blieb also ruhig in Wittenberg, bis er vom Kur= fürsten das Reisegeld und vom Kaiser einen Geleitsbrief erhielt, um den päpstlichen Gesandten Kardinal Cajetan in Augsburg zu treffen. Er reiste mit einem Klosterbruder und fand seinen Generalvikar dort. Die dreitägige Besprechung war ergebnislos. Der Kardinal behauptete die Autorität des Papstes und drohte mit dem Bannfluche; Luther berief sich auf die Bibel und blieb bei seiner Überzeugung. Seine Freunde, besorgt um seine Sicherheit, ließen ihn heimlich nachts durch ein Pförtchen in der Stadtmauer schlüpfen und mit einem guten Führer davonreiten. Elf Tage später kam er wohlbehalten in Wittenberg an.

Noch zweimal sandte Leo X. Abgesandte nach Deutsch=
land, um den aufsässigen Mönch zur Vernunft oder zum
Schweigen zu bringen, denn Friedrich der Weise weigerte
sich, seinen Professor nach Rom gehen zu lassen, aus
Furcht, daß er als Ketzer der Inquisition ausgeliefert,
gefoltert und verbrannt würde. Luther war sich seiner
gefährlichen Lage voll bewußt, war aber voll Mut und
Gottvertrauen. Ein Zeitgenosse schildert ihn zu dieser Zeit
als „mager, durch Sorgen und Studien abgezehrt," fügt
aber hinzu: „Seine Stimme ist hell und klar. Er ist jeder=
zeit frisch, froh und sicher."

Der ritterliche, Luther wohlgesinnte Kaiser Maximilian I.
starb 1519. Sein Enkel Karl, der schon mit sechzehn Jahren
König von Spanien geworden war, wurde zum Deutschen
Kaiser gewählt. Er war erst neunzehn Jahre alt und ein
fanatischer Katholik, von dem wenig Verständnis für die
Reformbestrebungen seiner deutschen Untertanen zu er=
warten war.

Luthers Freunde hielten treu zu ihm, vor allem Melanch=
thon. Diese beiden verkündeten „die evangelische Glau=
benslehre" in einer Reihe von Schriften und Flugblättern,
teils lateinisch, teils deutsch geschrieben, die gedruckt und
überall durch Hausierer verbreitet wurden. Wer nicht lesen
konnte, ließ sie sich gegen eine milde Gabe von einem fahren=
den Schüler vorlesen. Luther schrieb 1520 drei bedeutende
Bücher, unter ihnen „Von der Freiheit eines Christen=
menschen", von dem er ein Exemplar mit einem per=
sönlichen Briefe an den Papst schickte. Er hoffte noch immer
auf eine Einigungsmöglichkeit.

Leo X. war aber nicht blind. Er erkannte die Gefahr, die

seiner Autorität und der ganzen katholischen Kirche von der deutschen Reformbewegung drohte, und er wußte, daß Luther sein schlimmster Gegner war. Schon im Juni 1520 hatte er den Stab über ihn gebrochen in einer Bannbulle, die seine Lehre verdammte, ihm das Predigtrecht nahm, seine Schriften verbrennen hieß, ihn selber bei Nicht= Widerrufung innerhalb einer bestimmten Frist als Ketzer zum Feuertode verurteilte. Außerdem wurde jeder, vom Kaiser bis zum Bauern, der Luther und seine Anhänger schützen und nicht an Rom ausliefern würde, mit Exkom= munikation bedroht.

Trotz der päpstlichen Bannbulle wurde Luther von sei= nem Kurfürsten geschützt, und ein großer Teil des deutschen Volkes stand hinter ihm. Nur der junge Kaiser Karl V. war dem Papste gehorsam und ließ an verschiedenen Orten die Schriften des Wittenberger „Ketzers" verbrennen. Von ungeheurer Kühnheit war Luthers flammende Antwort.

Am Morgen des 10. Dezember sah man an der Stadt= kirche einen von Melanchthon unterschriebenen Anschlag, in dem er ankündigte, daß Luther die Rechtsbücher der römi= schen Kirche vor der Stadt, in der Nähe des Augustiner= klosters, verbrennen werde. Viele Studenten, Professoren und Gelehrte eilten dorthin. Sie sahen einen Holzstoß, auf den der Doktor Luther feierlich eine Menge päpstlicher Entscheidungen gegen Ketzerei legte. Ein Magister zündete das Holz an. Als die Flammen hoch aufschlugen in der kalten, stillen Winterluft, schleuderte Luther die gegen ihn gerichtete Bannbulle in die rote Glut.

Mit dieser Tat hatte Martin Luther den zwei größten Mächten der Christenheit getrotzt: dem Papste und dem Kaiser.

V. Vor Kaiser und Reichstag

(1521)

Schon am 3. Januar 1521 erließ Leo X. eine zweite Bann=
bulle gegen Luther und seine Anhänger, die großen Un=
willen in Deutschland erregte. Jeder Ort, der Luther drei
Tage beherbergen würde, war mit dem Kirchenbanne be=
droht. Sowohl Luther, wie seine Schriften, sollten öffent=
lich verbrannt werden. Dem Kaiser ward befohlen, ihn in
die Reichsacht zu tun.

Auf die Haltung des jungen Kaisers kam jetzt alles an.
Friedrich der Weise bat ihn, Luther selber zu hören, ehe er
gegen ihn vorgehe. Karl V. erklärte sich bereit, ihn im
Frühjahr beim Reichstag zu Worms erscheinen zu lassen.
Luther schrieb darüber an seinen Freund Georg Spalatin,
Hofkaplan und Geheimsekretär Friedrichs des Weisen:
„Fliehen will ich nicht, widerrufen noch viel weniger. So
stärke mich mein Herr Jesus!"

Ende März traf der Reichsherold Kaspar Sturm in
Wittenberg ein, um Luther in Sicherheit nach Worms zu
geleiten — ein fester, männlicher Mann, der den mutigen
Glaubenskämpfer bewunderte und ihm wohl wollte. Die
Universität lieferte Reisegeld und Reisewagen. Zwei
Freunde und ein Klosterbruder begleiteten Luther. Seine
Wittenberger Freunde, Kollegen und Anhänger nahmen
trauernd Abschied von ihm, denn wer konnte wissen, ob er
je zurückkehren würde? Die Fahrt durch Thüringen glich
einem Triumphzuge: jeder wollte den kühnen Mann sehen,
der es gewagt hatte, Papst und Kaiser zu trotzen; in über=

füllten Kirchen mußte er predigen. In Erfurt wurde er
feierlich von der Universität empfangen. In seiner lieben
Stadt Eisenach erkrankte er heftig, ließ sich aber nur einen
Tag dort aufhalten. Durch das im Frühling blühende
Rheinland ging die Fahrt weiter, Sturm in seinem Herolds=
rock voranreitend. Kurz vor Worms warnte ihn sein Freund
Spalatin, der mit seinem Kurfürsten schon in der Stadt
weilte, vor den ihn erwartenden Gefahren. Luther aber
antwortete: „Ich will gen Worms, wenn gleich so viel
Teufel darin wären, als Ziegel auf den Dächern."

Sturm hatte es so eingerichtet, daß sie am Vormittag des
16. April öffentlich in Worms einzogen. Beim Hornstoß des
Türmers versammelte sich eine ungeheure Volksmenge. Als
Luther vor dem Johanniterhof vom Wagen stieg, blickte er
gerührt um sich und sagte: „Gott wird mit mir sein."
Friedrich der Weise hatte ihn mit einem Teil seines Gefolges
hier untergebracht; er selbst wohnte in unmittelbarer Nähe.
Viele hohe Herren aßen mit Luther zu Mittag, und nachher
besuchten ihn viele Menschen. Er hatte auch eine Be=
sprechung mit Spalatin und mit dem Wittenberger Juristen
Schurf, den ihm sein Kurfürst als Rechtsbeistand bestimmt
hatte. Johann Friedrich vermied es, in Worms mit Luther
persönlich zu sprechen. Er war dem Kaiser gegenüber in
einer sehr schweren Lage, denn er war ihm Treue und Ge=
horsam schuldig, und doch wollte er Luther schützen und ihm
Gelegenheit geben, sich vor dem Reichstag auszusprechen.
Nie hat Friedrich der Weise seinen Beinamen mehr ver=
dient, als zu dieser unendlich schwierigen Zeit.

Um vier Uhr am Mittwoch dem 17. April sollte Luther
vor dem Reichstag erscheinen in dem nur wenige Minuten

vom Johanniterhofe entfernten Bischofspalast, wo auch der
Kaiser seit Anfang Januar wohnte. Es warteten aber so
viele Menschen auf ihn in der überfüllten Stadt, daß man
ihn heimlich durch Gärten und stille Gäßchen dorthin
brachte. Er mußte aber zwei Stunden warten im Erdge=
schoß des Palastes, ehe er in den großen Sitzungssaal im
ersten Stock geführt würde. Hier waren viele seiner er=
bitterten Feinde, aber auch manche, die ihm wohlgesinnt
waren. Der bekannte Feldhauptmann Georg von Frunds=
berg ging auf ihn zu, klopfte ihm ermunternd auf die
Schulter und sagte:

„Mönchlein, Mönchlein, du gehst jetzt einen schweren
Gang....Aber sei nur getrost, Gott wird dich nicht ver=
lassen."

Es war ein seltsamer Anblick, der schlichte Mönch in
Kutte und Sandalen inmitten jener glänzenden Versamm=
lung. Prächtig gekleidet saß der junge Kaiser auf seinem
Thron, neben ihm sein jüngerer Bruder, in seiner unmittel=
baren Nähe die drei weltlichen und die drei geistlichen
Kurfürsten, die Fürsten des Reiches und hohe Geistliche.
Stehend füllten Adlige, Abgeordnete, Ritter, Herren des
Gefolges den zum Ersticken heißen Saal, in dem bei an=
brechender Dämmerung schwelende Fackeln angezündet
wurden. Auf einer Bank vor dem Thronsessel lagen
Luthers sämtliche Schriften. Als der blasse gelangweilte
Jüngling auf dem Throne den noch halbkranken Mönch mit
dem ruhigen, ehrfurchtsvollen Auftreten erblickte, sagte er
verächtlich:

„Der wird keinen Ketzer aus mir machen."

Der Kanzler, der die Verhandlung führte, fragte Luther,

ob er die Schriften auf der Bank als die seinigen anerkenne
und ob er sie aufrechthalten wolle. Ehe Luther antworten
konnte, verlangte sein Rechtsbeistand Schurf, daß die Titel
verlesen würden. Darauf erkannte sie Luther an. Zum
Erstaunen aller Anwesenden bat er sich aber eine Bedenk=
zeit aus, ehe er die andere Frage beantwortete. Sie mußte
ihm gewährt werden. Der Kaiser gab ihm bis zum nächsten
Tage um vier Uhr. Luther hätte natürlich am liebsten
gleich mit einem festen „Ja" geantwortet, aber Schurf
hatte ihm gut geraten. An jenem ersten Tage hätte er nur
mit „Ja" oder „Nein" antworten dürfen. Nun konnte er,
trotz vielen Besuches, eine ausführliche Rede vorbereiten.
Außerdem waren die päpstlichen Abgesandten so böse über
diese unerwartete Wendung, daß sie am 18. April gar nicht
erschienen und die Stimmung im Reichstag dem Refor=
mator im Ganzen viel freundlicher war, als am vorigen
Abend.

Wieder brachte man Luther auf Umwegen zum Bischofs=
hof. Wieder stand er im Fackelschein vor dem Kaiser und
dem Reichstag. Wieder wurde er gefragt, ob er alle seine
Bücher verteidigen wolle. In einer langen, wohl durch=
dachten Rede verteidigte er alles, was er gelehrt und
geschrieben hatte; er sprach erst lateinisch, dann auf des
Kaisers Wunsch wiederholte er seine Worte auf deutsch.
Der junge Kaiser bestand auf ein unzweideutiges „Ja"
oder „Nein" zur Frage, ob er widerrufen wolle. Luther
erklärte, daß er nur das widerrufen könnte, was man ihm
als im Widerspruch zur Bibel stehend beweisen könnte.
Der Kaiser ließ ihn fragen, ob er meine, daß ein Kirchen=
konzil irren könne. Luther antwortete: „Ja, ich will's

beweisen." Da stand der Kaiser auf und wandte sich zum
Gehen. Luther aber, seine dunklen leuchtenden Augen zum
Himmel erhoben, schloß seine Verteidigung mit den festen
Worten:

„Hier stehe ich. Ich kann nicht anders. Gott helfe mir!
Amen."

In ungeheurer Erregung brach die Versammlung auf.
Die Spanier aus dem Gefolge des Kaisers zischten. Die
deutschen Ritter drohten den Reisigen, die Luther zur Tür
des Saales führten, bis er selber versicherte, daß sie ihn
nur begleiten, nicht gefangennehmen wollten. Auf der
Straße schrieen die spanischen Reitknechte ihm nach: „Ins
Feuer! Ins Feuer!" Das Volk geleitete ihn jubelnd zum
Johanniterhof. Dort begrüßte er seine Freunde mit fröh=
lichem Gesicht und erhobenen Händen und rief erleichtert
aus:

„Ich bin hindurch! Ich bin hindurch!"

Spalatin konnte ihm berichten, daß sein Kurfürst mit
ihm zufrieden sei. Besorgt hatte aber Friedrich der Weise
hinzugefügt:

„Er ist mir viel zu kühn."

Der weise Kurfürst wußte am besten, daß nur allzubald
die Reichsacht über seinen Schützling verhängt würde, vor
der er ihn nicht würde schützen können. Während ergebnis=
lose Verhandlungen außerhalb des Reichstags mit dem
unerschütterlichen Luther stattfanden und die Zahl seiner
Anhänger täglich wuchs, sann der Kurfürst mit seinem
klugen und verschwiegenen Geheimschreiber und anderen
Vertrauten darüber nach, wie es wohl möglich wäre, „den
Herrn Doktor Martinus eine Zeitlang beiseite zu bringen"

ohne Wissen seines Landesherrn. Er selber müßte schwören
können, wenn Luther verschwinden sollte, daß er nicht
wisse, was aus ihm geworden sei. Was Spalatin seinem
Freunde etwa sagen würde, war ja seine eigne Sache. Und
was er etwa mit Kaspar Sturm zu bereden hätte, ging eben=
falls den Kurfürsten nichts an.

Karl V. war Ehrenmann genug, Luther nicht in Worms
ergreifen zu lassen und ihm bis Wittenberg das versprochene
sichere Geleit zu geben, ehe er ihn in die Reichsacht tat.
Zehn Tage nach seiner Ankunft, am Vormittage des 26.
April, nach einem herzlichen Abschied und von berittenen
Freunden eine Zeitlang begleitet, verließ Luther die Stadt
Worms, Kaspar Sturm voran, ein zweiter Reisewagen
hinter dem, in welchem der Reformator mit einem Freunde
und seinem Klosterbruder saß. Drei Tage später wurde
der Reichsherold nach Worms zurückgeschickt. An verschie=
denen Orten predigte Luther wieder, wurde mit Begeiste=
rung empfangen, besuchte auch seine Großmutter im
Heimatsort der Eltern. Der zweite Wagen, in dem sich der
Jurist Schurf befand, war schon nach Wittenberg weiter=
gefahren.

So fuhr der Planwagen mit dem Reformator am 4. Mai
durch den Thüringerwald in der Nähe von Eisenach, lang=
sam sich seinem Endziele Wittenberg nähernd. In einem
Hohlwege zu Fuße einer alten Burg brach aus dem Gehölz
eine Reiterschar hervor, warf den Fuhrmann zu Boden,
riß Luther aus dem Wagen und sprengte mit ihm davon.
Er hatte gerade noch Zeit, seinem Freunde auf lateinisch
zuzuflüstern: „Sei ruhig, es sind unsere Freunde." Der
nicht sehr mutige Klosterbruder war schreiend davonge=

laufen. Als der zu Tode erschrockene Fuhrmann mit einem
einzigen Fahrgaste weiterfuhr, wußte er nur, daß der tap=
fere Gottesmann, der in Worms vor Kaiser und Reich
um seinen Glauben gekämpft hatte, gefangen genommen
und entführt sei. Wohin?

VI. Junker Jörg auf der Wartburg
(1521–1522)

Solange der entsetzte Fuhrmann sie sehen konnten, be=
handelten die Reiter ihren Gefangenen schlecht und zwan=
gen ihn mit Schreien und Fluchen, neben den Pferden
herzulaufen. Dann aber, als niemand mehr zu sehen war,
nahmen sie seine Kutte ab, kleideten ihn in Reitermantel
und Hut und gaben ihm ein Pferd zu reiten. Den ganzen
Tag ging es kreuz und quer durch den dichten Wald, um
etwaige Verfolger von der Spur abzubringen. Es war
Hans von Berlepsch, Schloßhauptmann der Wartburg, der
mit einem befreundeten Ritter diesen Überfall ausgeführt
hatte. Seine Knechte hatten keine Ahnung, wer dieser als
Mönch gekleideter Mann sei. Erst um elf Uhr abends saß
der kleine Zug am Eingang der Wartburg ab. Der vom
ungewohnten Reiten erschöpfte Gefangene wurde in ein
für ihn bereitetes großes Zimmer im ersten Stock einge=
schlossen. Am folgenden Morgen wurde ihm vornehme
Ritterkleidung gebracht und Herr von Berlepsch sagte ihm,
er müsse sich Haar und Bart wachsen lassen und als Junker
Jörg gelten, den der Kurfürst von Sachsen gefangen hielt.
Außer den zwei Edelknaben, die ihn bedienten und ihm

zweimal täglich Essen brachten, bekam ihn zunächst keiner
der Burgbewohner zu sehen. Er durfte aber an den Hof=
kaplan Spalatin schreiben, durch ihn Bücher und das zum
Schreiben Nötige auf die Burg schicken lassen und später
an seine nächsten Freunde Briefe ohne Überschrift schicken.
Es durfte keiner wissen, wo er verborgen war. Im allge=
meinen glaubte man, er sei dem Papste oder dem Kaiser in
die Hände gefallen.

Anfangs fühlte sich Luther gar nicht wohl in seinem
„Patmos", wie er später seinen Zufluchtsort nannte. Er
war an ein übervolles tätiges Leben gewöhnt; außerdem
widerstrebte es seinem mutigen Sinn, sich in der Gefahr zu
verstecken. Er schrieb unwillig an Philipp Melanchthon:
„Lieber wollte ich auf glühenden Kohlen brennen, als hier
halblebend und doch nicht tot in der Einsamkeit verfaulen."
Nach den heftigen Gemütsbewegungen der letzten Zeit und
der beständigen Lebensgefahr, in der er gewesen, versagten
nun seine Nerven. Er wurde krank und schwermütig und
glaubte sich „tausend Teufeln vorgeworfen". Nachts wachte
er auf und hörte, wie er meinte, dicht an seinem Bette
rumoren. Es war, als würde ein Nuß nach der andern
geknackt, — und dabei hielt er seinen Sack Haselnüsse in
seiner Truhe verschlossen. Dann hörte er auf der ver=
schlossenen Treppe vor seiner Tür schwere Fässer hinunter=
werfen. Überzeugt, daß Satan ihn quälen und ihm seine
Nachtruhe rauben wollte, stand er auf, ging auf die Treppe
und rief:

„Bist du es, so sei es!"

Darauf befahl er sich seinem Heiland und ging ruhig
wieder schlafen.

Es wurde besser, als ihm Haar und Bart gewachsen waren und Hans von Berlepsch wagen konnte, den Junker Jörg, der stattlich und vornehm in seiner Ritterkleidung aussah, auf den Wartburghof hinauszulassen. Bald durfte er stundenlang die Burg verlassen, im Walde Erdbeeren suchen und in der ihm vertrauten Umgebung umher= streifen, immer in Begleitung eines verschwiegenen Mannes, der ihn schützte und wohlbehalten zur Burg zurückbrachte. Zuweilen nahm ihn der Schloßhauptamnn mit auf die Jagd, was ihm aber wenig Freude machte, denn er liebte die Tiere und wollte sie nicht zum Sport töten. Über= haupt fiel es ihm manchmal schwer, seine Ritterrolle über= zeugend zu spielen und keinen Verdacht zu erregen, und Hans von Berlepsch oder sein anderer Begleiter mußten immer darauf achten, daß er sich nicht verriet. Als Mönch hatte er sich eine demütige, etwas gebückte Haltung ange= wöhnen müssen; als Ritter mußte er aufrecht und fest gehen und den Kopf hoch tragen, — und er hat dieses selbstbe= wußte und vornehme Auftreten zeitlebens beibehalten.

Auf der Wartburg hatten alle den Junker Jörg gern. Hans von Berlepsch, obgleich es für ihn gefährlich war, den Geächteten zu beherbergen, war fröhlich und freundlich, behandelte ihn mit großer Achtung und erfüllte ihm jeden Wunsch, der sich mit der nötigen Vorsicht und dem Inkog= nito des Gefangenen vertrug. Der gute Schloßhauptmann hatte auch bald die Freude, seinen Schutzbefohlenen frischer, kräftiger und zufriedener zu sehen. Anfang Oktober konnte Luther seinem Freunde Spalatin berichten, daß er wieder gesund sei und gut arbeiten könne.

Es ist erstaunlich, wie viel Luther auf der Wartburg

geschrieben hat, abgesehen von häufigen Briefen an Spala=
tin und andere Freunde. Das deutsche Volk wußte bald,
daß der verschollene Glaubenskämpfer irgendwo verborgen,
aber nicht für immer zum Schweigen gebracht war. Flam=
mende und kraftvolle Flugschriften, an Spalatin geschickt
und von ihm in Druck gegeben, verbreiteten die Ideen des
immer kühner werdenden Reformators. Er schrieb gegen
den Zwang der Ehelosigkeit des Priesters und gegen den
Zwang der Beichte. Er schrieb die erste deutsche Predigt=
sammlung, die „Kirchenpostille". Seine Liebe zum ganzen
deutschen Volke ließ ihn unermüdlich arbeiten. Von der
Wartburg aus schrieb er am 1. November an einen Freund:
„Für meine Deutschen bin ich geboren; ihnen will ich
dienen." Etwas ganz Großes wollte er ihnen geben: eine
deutsche Bibelübersetzung, die der einfachste Mann ohne
Schwierigkeit verstehen könnte. Auf seinem Patmos nahm
er das Neue Testament in Angriff. Als Erster wollte er die
Heilige Schrift aus den hebräischen und griechischen Ur=
sprachen und nicht aus dem Lateinischen übersetzen. Eifrig
las er die von Spalatin nach der Wartburg geschickten
Bücher, vor allem den von Erasmus von Rotterdam heraus=
gegebenen griechischen Grundtext des Neuen Testamentes.
Dann schrieb er stundenlang an seiner Übersetzung, jedes
Wort vorsichtig erwägend. Oft aber stand er sinnend am
Fenster und schaute weit hinaus ins schöne Thüringer
Land.

Als er nach dem Reichstag zu Worms hergebracht wurde,
blühte und grünte alles. Vom weitoffnen Fenster konnte
er dem Gesang unzähliger Vögel lauschen, bis ihm sein
Gefängnis zu einem „Reich der Vögel" wurde. Im Herbst

färbte sich der Laubwald rot und golden; die Blätter
flatterten im Winde und fielen zur Erde. Nur der Nadel=
wald blieb dunkelgrün und unverändert, außer wenn ein=
mal der Blitz in eine Tanne schlug und den Junker Jörg an
das Gewitter erinnerte, in dem er sich entschloß, Mönch zu
werden. Nun schien es ihm, als habe sein Vater klarer
gesehen, als er selber. Schließlich brachte der Winter Schnee
und Eis, und die Landschaft wurde weiß und still. Es
wurde spät hell und früh dunkel, und der fleißig und einsam
Arbeitende war dankbar für die Wärme des großen grünen
Kachelofens in der Ecke seines Zimmers.

In der verschneiten Wintereinsamkeit kamen aber die
quälenden Teufelsvorstellungen wieder. Seltsame Ge=
räusche störten den Reformator bei seiner angestrengten
Arbeit. Er glaubte, der Teufel wolle ihn daran hindern,
dem ganzen deutschen Volke die Heilige Schrift zugänglich
zu machen. Einmal, so erzählt man, fühlte er so lebhaft die
Gegenwart Satans in der Ofenecke, daß er sein schweres
Tintenfaß ergriff und gegen die Wand schleuderte, wo ein
großer Tintenfleck erschien. Darauf soll ihn der Böse mit
höhnischem Gelächter verlassen haben.

Auch außerhalb seines Patmos glaubte Luther, die Hand
des Bösen in manchem zu erkennen. Die Reformation ging
rasch vor sich, vor allem in Luthers eigner Stadt Witten=
berg. Man versuchte, den Gottesdienst mehr in Einklang zu
bringen mit der neuen Lehre und Mönche und Priester
von ihren Gelübden zu entbinden. Unter Luthers weiser
Führung und bei der weitherzigen Duldsamkeit des Kur=
fürsten, hätte sich alles ruhig und ohne Gewalt entwickelt.
In Luthers Abwesenheit und bei Melanchthons etwas ver=

träumter Gelehrtennatur, fehlte der rechte Führer. Ein
fanatischer Anhänger der neuen Lehre, Andreas Karlstadt,
ergriff die Zügel, und unter ihm setzten wilde Bilderstür=
merei und Gewalttätigkeit ein.

Der große Reformator auf der Wartburg war so beun=
ruhigt von den Nachrichten, die er erhielt, daß er den
Schloßhauptmann bewog, ihn unter sicherer Führung heim=
lich nach Wittenberg gehen zu lassen. Dort blieb er drei
Tage verborgen, nur von Melanchthon und wenigen Ver=
trauten gesehen. Unter ihnen war der Maler Lukas
Cranach, der seinen Freund als Junker Jörg malte. Eini=
germaßen beruhigt, kehrte Luther dann in seine verschneite
Einsamkeit und zu seiner Bibelübersetzung zurück. Er sah
ein, daß die völlige Trennung von Rom nur noch eine
Frage der Zeit war. Die Wittenberger Studenten und
Professoren kümmerten sich nicht um Bann und Acht und
bekannten sich offen zur neuen Lehre. Die Mönche im
Augustinerkloster richteten ihren Gottesdienst nach Luthers
Ideen ein. Hie und da verließ ein Mönch ungestraft sein
Kloster und kehrte in die Welt zurück. Schon sah man die
ersten Priester heiraten. Einer wurde der römischen Kirche
ausgeliefert und ins Gefängnis geworfen, aber Friedrich
der Weise wollte ihn nicht verurteilen.

Immer schwerer wurde es dem kühnen Glaubens=
kämpfer, sich von seinem Kurfürsten verbergen zu lassen, wo
es draußen in der Welt so viel für ihn zu tun gab. Als er es
fast zehn Monate ausgehalten und das Neue Testament
fertig übersetzt hatte, schrieb er seinem Landesherrn, er
möge ihn nicht weiter beschützen, denn er kehre in einem
höheren Schutze nach Wittenberg zurück. Luther wußte,

wie schwer es dem Kurfürsten sein würde, dem fanatischen und erbitterten Kaiser gegenüber, wenn er den Geächteten offen beschützte; er wußte aber auch, daß Friedrich der Weise ihm im Stillen helfen und ihn nie ausliefern würde.

Am Abend des 3. März 1522 kamen zwei Schweizer Studenten zu Fuß nach dem Gasthaus zum Schwarzen Bären in Jena. In der Gaststube saß an einem Tisch ein stattlicher Ritter in Wams, Hosen und Reiterstiefeln, ein rotes Lederkäppchen auf dem Kopfe und ein Schwert zur Seite. Hinter ihm, an der Wand, hingen Reitermantel und Federhut. Er blickte von dem Buche auf, in dem er las, und die Schweizer schauten in ein bärtiges Gesicht mit dunklen, ernsten Augen, die wie Sterne leuchteten. Er lud die beiden freundlich ein, sich zu ihm zu setzen und seine Gäste für den Abend zu sein. Sie erzählten ihm, daß sie nach Wittenberg wollten, um bei Luther zu hören und fragten, ob dieser auch dort sei.

„Er ist jetzt nicht zu Wittenberg", antwortete der Ritter. „Er soll aber bald dahin kommen. Aber Philipp Melanch= thon ist da und lehrt die griechische Sprache, auch andere, die Hebräisch lehren."

Darauf riet er den zwei Studenten, Griechisch und Hebräisch als Grundlage für ihr Bibelstudium zu lernen. Sie hatten schon gesehen, daß er selber bei ihrem Eintritt im hebräischen Psalter gelesen hatte.

Als sie sich nach dem Abendessen für die Nacht trennten, gab der bärtige Ritter jedem der Studenten die Hand und bat sie, den Juristen Schurf in Wittenberg von ihm zu grüßen, ohne ihnen jedoch zu sagen, wer er sei.

„Sagt nicht mehr, als: ‚Der kommen soll, läßt euch grüßen.‘ "

Ein paar Tage später stellten sich die zwei jungen Schweizer dem Dr. Schurf vor. Sie fanden bei ihm den Ritter aus dem Schwarzen Bären zu Jena, dem Melanch= thon, Justus Jonas und ein paar andere Professoren von den Geschehnissen der letzten Monate erzählten. Der Unbekannte, den sie nun als Martin Luther erkannten, grüßte sie lächelnd, zeigte mit dem Finger und sagte:

„Dies ist der Philipp Melanchthon, von dem ich euch gesagt habe."

So wurde Junker Jörg wieder Professor der Theologie, wohnte mit anderen Mönchen im Augustinerkloster, trug gleich ihnen die Mönchskutte, hörte freiwillige Beichten, predigte in Wittenberg und an anderen Orten. Im Verein mit seinem weisen Kurfürsten, ließ er die Reformation sich ganz natürlich entwickeln.

Im September ging das gedruckte Neue Testament in Luthers Übersetzung in alle Teile Deutschlands hinaus. Dann machte sich Luther an die deutsche Übersetzung des Alten Testamentes. Hierbei waren Melanchthon, Justus Jonas und der neue Stadtpfarrer Johannes Bugenhagen seine treuen Mitarbeiter. Aber alle fühlten, was Melanch= thon aussprach:

„Luther ist Alles in Allem; mit dem kann keiner ver= glichen werden."

VII. **Die entflohene Nonne**

(1523–1525)

Am 29. Januar 1499 wurde dem verarmten Landedel=
mann Hans von Bora ein Töchterlein geboren, das nach der
Mutter Katharina genannt wurde. Ein paar Jahre später
starb seine Frau, und er brachte die kleine Fünfjährige in
ein Kloster zur Erziehung. Das Jahr darauf heiratete er
wieder. Im Jahre 1508 oder 1509, um die Erziehungs=
kosten zu sparen, brachte er die kleine Käthe ins Zisterzien=
serinnenkloster Marienthron zu Nimbschen und bestimmte
sie zur Nonne. Dort war seine Schwester Magdalene
Nonne und eine Verwandte seiner ersten Frau Äbtissin.
Die lebhafte und redselige Käthe war nicht unglücklich im
Kloster, obgleich ihr die strenge Regel des Schweigens in
Kirche, Speisesaal und Schlafsaal schwer fiel. Die Äbtissin
war gütig und mütterlich; Schwester Magdalene liebte ihre
blauäugige, rotblonde Nichte; die anderen Klosterschüle=
rinnen, adlig wie sie selber, waren ihr liebe Kameradinnen.
Mit sechzehn Jahren mußte Katharina den Schleier neh=
men. Ihr Vater glaubte sie nun, wie seine Schwester,
auf Lebensdauer gut versorgt.

Trotz vorsichtigster Überwachung, wurden Bücher und
Nachrichten von der Außenwelt in Kloster Marienthron
eingeschmuggelt. Wittenberg war nicht allzuweit entfernt,
und die kühnen Taten und Schriften des Mönchs Martin
Luther begeisterten die jungen Nonnen und störten ihren
Klosterfrieden. Vor allem war es sein Buch **Von der
Freiheit eines Christenmenschen**, das ihre Sehnsucht

nach dem Leben in der Welt wachrief. Sie hatten mitunter
Gelegenheit, Freunde und Anhänger des Reformators zu
sehen, wohl auch zu sprechen. Da war zum Beispiel ein
schon ganz evangelisch denkender Prior, der in Marien=
thron zwei Verwandte hatte. Da war auch der alte Leon=
hard Koppe, der in seinem Planwagen Bier und Heringe
und andere Waren ins Kloster brachte und dem man
Briefe mitgeben konnte, die nicht von der Äbtissin gelesen
werden sollten.

Schließlich waren sich Katharina von Bora und acht andere
junge Nonnen darüber klar, daß Dr. Luther die Wahrheit
lehre und daß sie das Leben im Kloster nicht weiterführen
könnten. Sie schrieben an ihre Eltern und Verwandten und
baten, in die Welt zurückkehren zu dürfen. Umsonst.
Obgleich der sächsische Adel sich immer mehr zu der neuen
Lehre bekannte, war ihm das Klostergelübde doch noch
etwas Heiliges. Als die Neun wußten, daß sie von den
Ihrigen keine Hilfe erwarten konnten, schrieben sie an Dr.
Martin Luther und erflehten seine Hilfe. Er, der sich selber
freigekämpft hatte, verstand sie und versprach, ihnen zu
helfen. Mit dem neunundfünfzigjährigen Leonhard Koppe
besprach er alles, und dieser verabredete das Weitere mit
den jungen Nonnen.

In der Nacht auf Ostersonntag 1523 hielt Koppe mit
seinem Planwagen dicht vor Kloster Marienthron. Den
neun jungen Nonnen gelang es, ungesehen aus dem schla=
fenden Kloster zu schlüpfen und schweigend in den großen
Wagen zu klettern, wo ihr Befreier sie gut zudeckte, sodaß
sie in ihrer weißen Ordenstracht nicht zu sehen waren.
Dann fuhr er durch die Frühlingsnacht davon. Mit größter

Vorsicht und Heimlichkeit verbarg er sie unterwegs bei
verschwiegenen Freunden und brachte sie spät nachmittags
am Osterdienstag zu Luther. Der begrüßte sie herzlich,
brachte sie bei befreundeten Wittenberger Familien unter,
sammelte Kleider und Geld für sie. Sogar der Kurfürst
Friedrich der Weise gab im Stillen durch Spalatin, wollte
aber nach außen hin nichts von der Entführung aus dem
Kloster wissen, für welche Luther die volle Verantwortung
übernahm. Er schrieb auch an die Verwandten seiner
Schützlinge, von denen sechs in ihre Familien zurück=
kehrten. Für zwei der anderen fand er geeignete Ehemän=
ner.

Katharina von Bora, für die ihre Angehörigen nichts tun
wollten oder konnten, kam zunächst in das Haus des
Stadtschreibers, später Bürgermeister von Wittenberg.
Nachher war sie bei dem wohlhabenden Lukas Cranach, der
neben seinen Einnahmen als Maler eine gutgehende Maler=
schule, Apotheke und Weinstube hatte. Käthe mußte häus=
lich und gesellschaftlich viel lernen; sie war eine gelehrige
Schülerin und machte ihren Pflegemüttern alle Ehre. Aber
das stolze, von den Ihrigen im Stiche gelassene Mädchen
wurde so still und zurückhaltend, daß sie als hoffärtig galt.

Luther, der gern für seine Schutzbefohlenen bestimmte,
hatte gehofft, daß sich Käthe mit einem Nürnberger Patri=
ziersohne verloben würde. Aber seine Eltern wollten keine
entflohene Nonne als Schwiegertochter haben. Dann ver=
suchte Luther, Käthe an einen Pfarrer zu heiraten, gegen
den sie instinktiv Mißtrauen und Ablehnung fühlte und der
sich in der Folge als ihrer unwürdig erwies. Käthe ging
zu einem Freunde Luthers und bat ihn, gegen diese Heirat

zu wirken. In ihrer natürlichen Lebhaftigkeit entfuhr es
ihr:

„Euch, Herr Doktor, oder Dr. Luther würde ich nehmen."

Als Luther von diesen Worten hörte, wurde er stutzig.
Für sich selber hatte er nie ans Heiraten gedacht, obgleich
es der größte Wunsch seiner Eltern war und er Priesterehen
als etwas Natürliches und Gottgewolltes ansah. Auch hatte
er jahrelang, wie er selber sagte, „den Tod und die Strafe
eines Ketzers" erwartet. Diese Gefahr war noch nicht
vorüber, trotz des weisen Schutzes seines Kurfürsten
Friedrich III., den er nur ein einziges Mal gesehen hatte
— auf dem Reichstag zu Worms — und der nie mit ihm
gesprochen oder direkt an ihn geschrieben hatte. Jetzt,
Anfang Mai 1525, starb der Kurfürst, zweiundsechzig Jahre
alt, nach fast vierzigjähriger Regierung. Sein Bruder und
Nachfolger, Johann der Beständige, stand dem Reformator
persönlich nahe und hat viel für ihn und seine Familie
getan.

Das große „Schwarze Kloster", 1502 für die Augustiner=
mönche erbaut und nie vollendet, war einsam und öde,
seitdem es ein Mönch nach dem andern verlassen hatte.
Luther, der sich jetzt weltlich als akademischer Doktor
kleidete, hauste ungemütlich dort, ohne richtige Bedienung
und Pflege. Ein ganzes Jahr schlief er auf einem Stroh=
sack, der langsam verfiel. Wenn ein Gewand zerschliß oder
zerriß, nähte er mit großen Stichen irgendeinen Flicken
darauf und trug es weiter. Als Koch= und Eßgerät hatte er
nur ein paar von den Mönchen zurückgelassenen Sachen aus
Zinn. Dabei lud er immer Gäste ein, nicht nur zu Einzel=
mahlzeiten, sondern auch zum Logieren. Wie andere Pro=

fefforen, hatte er eine „Börſe", d. h. er nahm Studenten bei
ſich auf. Bei Luther wohnten und aßen ſie unentgeltlich.

Überall fehlte die Hand einer Frau. Plötzlich fühlte es
Luther ſelber und entſchloß ſich, die praktiſche, tüchtige,
heimatloſe Käthe, die ihm ſo leid tat, zu heiraten. Eine
ſolche Heirat zwiſchen einem ehemaligen Mönch und einer
ehemaligen Nonne lieferte ja auch den letzten und höchſten
Beweis für die gänzliche Trennung der neuen evangeli=
ſchen Kirche von der römiſch katholiſchen. Martin Luther
ſollte dieſen bedeutſamen Schritt nie bereuen. Es war ein
glücklicher Tag für ihn, als die weiße Nonne aus Kloſter
Marienthron in das Schwarze Kloſter zu Wittenberg ein=
zog. Dieſes Kloſter mit allem Zubehör und allen Gerecht=
ſamen (wie das Braurecht) war Kurfürſt Iohanns Hoch=
zeitsgeſchenk. Gleichzeitig erhöhte er Luthers Iahres=
gehalt auf 200 Gulden.

Am Abend des 13. Iuni 1525 fand eine ſchlichte Trauung
durch den Stadtpfarrer Bugenhagen ſtatt. Lukas Cranach
und ſeine Frau waren dabei, aber nicht Melanchthon, der
ſchwere Bedenken gegen dieſe Ehe hatte. Am folgenden
Morgen gab Katharina Luther den Trauzeugen ein kleines
Frühſtück im Schwarzen Kloſter. Dazu hatte die Stadt
Wittenberg dreierlei Sorten Wein geſchenkt. Freunde
hatten die koſtbaren goldenen Eheringe geſchickt, Luthers
mit einem Diamanten und einem Rubin, Käthes mit
einem Rubin.

Am 27. Iuni fanden die kirchliche Feier und ein großes
Hochzeitsmahl ſtatt, zu denen Luthers alte Eltern mit
einem Schwiegerſohn aus Mansfeld kamen. Auch hier
fehlte Melanchthon. Luther hatte viele Einladungen zu

seiner Hochzeit geschrieben, hie und da mit einer Bestellung.
Leonhard Koppe und seine Frau sollten ein Faß des besten
Bieres bringen. Spalatin wurden gebeten, rechtzeitig
Wildbret zu schicken. Den Gästen wurde gesagt, sie brauch=
ten keine Hochzeitsgeschenke mitzubringen. Käthe war aber
froh, daß der Kurfürst 100 Gulden zur Einrichtung bei=
steuerte und die Stadt Wittenberg 20 Gulden und ein
großes Faß Bier schickte. Ein anderes Geschenk von 20
Gulden, das von Luthers Schwager mitgegeben worden
war, gab der Ehemann zurück, aber die vorsichtige Hausfrau
nahm es heimlich wieder an. Das fröhliche Hochzeitsessen
allein kostete viel Geld, und es war noch sehr viel für den
Hausstand nötig. Es war auch kein kleiner oder einfacher
Haushalt, dem die treusorgende Gattin des großen Refor=
mators jetzt vorstehen würde.

VIII. Der große Reformator im eigenen Heime

(1525–1545)

Bald hatte sich Melanchthon mit Luthers Heirat abgefunden
und war ein häufiger Gast im Schwarzen Kloster. Die
beiden Freunde mußten mehr denn je zusammenhalten und
zusammenwirken in diesen sturmbewegten Zeiten, die das
Reformationswerk bedrohten. Als Luther heiratete, tobte
der schreckliche Bauernkrieg. Die Bauern hatten vom
Freund des einfachen Mannes Verständnis und Unter=
stützung erwartet und glaubten, sich in ihm getäuscht zu
haben, denn er war entsetzt über die verübten Greuel und

4

predigte Frieden und Unterwerfung unter die Obrigkeit. Nach einem kurzen blutigen Kriege waren die Bauern besiegt.

Kaiser Karl V., noch immer ein erbitterter Feind Luthers und der Reformation, war durch seine verschiedenen Kriege zu sehr in Anspruch genommen, um zunächst in Deutschland einzugreifen. Beim Reichstag zu Speier (1529) vertrat ihn sein Bruder, der Erzherzog Ferdinand, der mit in Worms gewesen war. In Speier verlangten die katholischen Fürsten die Auslieferung und Hinrichtung Luthers und die Einstellung der Reformation. Die fünf evangelischen Fürsten und vierzehn Reichsstädte (unter ihnen Nürnberg und Straßburg) bekannten sich offen zur neuen Lehre in einer großen Protestation gegen die Feinde der Reformation. Von dieser Zeit an nannte man die Anhänger der neuen Lehre Protestanten.

Im folgenden Jahre (1530) tagte der Reichstag in Augsburg. Der Kaiser war selber zugegen, das erste Mal seit Worms. Er war entschlossen, die Ketzerei auszurotten und Luthers Tod zu erreichen. Von Wittenberg reisten Spalatin, Melanchthon und Justus Jonas hin mit ihrem Kurfürsten. Luther wurde auf der nahen Feste Coburg in Sicherheit untergebracht, wo er durch Boten und Briefe erreichbar war. Dort vollendete er das Alte Testament (wie auf der Wartburg das Neue Testament). Vorher hatte er schon nach dem 46. Psalm seinen berühmten Choral „Ein feste Burg ist unser Gott" gedichtet und komponiert. In Augsburg wurde am 25. Juni die von Melanchthon verfaßte protestantische Konfession dem Reichstag vorgelesen. In seiner Antwort am 3. August verlangte Karl V. die

unbedingte Rückkehr aller Deutschen zur römischen Kirche.
Als er Ende September den Reichstag schloß, wußte man,
daß er im Verein mit dem Papste die Protestanten ver=
nichten wollte. Die Protestanten schlossen aber auch ein
Bündnis, um ihren Glauben gegen jeden Angriff zu
schützen — sogar gegen ihren Kaiser. Wider Willen mußte
Karl V. einstweilen den Religionskrieg vermeiden, wenig=
stens bis nach dem nächsten Reichstage. Luther, trotz allem
ein Mann des Friedens — „Es ist wohl ein halb Himmel=
reich, wo Friede ist" — predigte tapfern Widerstand, wenn
es wirklich zum Kriege kommen sollte. Es ist ihm und
seinem Kurfürsten Johann dem Beständigen vergönnt
worden, den schrecklichen Religionskrieg und die Ver=
wüstung ihrer lieben Heimat nicht mehr zu erleben. Kur=
fürst Johann starb 1532. Sein Sohn und Nachfolger,
Johann Friedrich der Großmütige, war ein Freund und
Verehrer Luthers und ein aufrichtiger Protestant.

Die zwei Jahrzehnte nach Luthers Heirat waren äußerst
arbeitsreich. Es galt, unter anderm, den evangelischen
Gottesdienst, das Pfarrwesen, das Schulwesen, die Armen=
pflege überall im Kurkreis Sachsen einzurichten, jetzt wo
dies alles nicht mehr in den Händen der katholischen Kirche
war. Die Neuordnung der Universität und die Einführung
der neuen Kirchenverfassung mußten durchgeführt werden.
Luther verlangte für jede Stadt und jedes Dorf eine Pfarre
und eine Schule; fehlten hierzu die Mittel, dann gab es ja
die Klostergüter, die für solche Zwecke gestiftet worden
waren. Er trat ein für Schulzwang und für einfache „Maid=
lein=Schulen". Er stellte das Lehramt neben das Predigt=
amt und sagte: „Ich weiß nicht, welches unter den beiden

das beſte iſt." Er führte regelmäßige Kirchen= und Schul=
viſitationen ein. Er verfaßte einen Katechismus, der noch
heute gelehrt wird.

Unter den Fürſten und in den Reichsſtädten, die ſich zum
Proteſtantismus bekannten, konnten die Evangeliſchen un=
angefochten leben, während ſie anderswo verfolgt, verbannt,
ſogar hingerichtet wurden. Da gab es unendlich viel für
den unermüdlichen, aber doch alternden und oft leidenden
Reformator zu tun. Immer wieder hat er den Wert und
den Segen der Arbeit geprieſen. „Der Menſch iſt zur
Arbeit geboren, wie der Vogel zum Fliegen. Mit redlicher
Arbeit in ſeinem Beruf oder Amt dient der Menſch Gott."
Ähnlich hatte Martin Luthers Vater einſt in der Familie
geſprochen, wenn er ſich über die Bettelmönche ärgerte.
Der große Sohn redete in ſchönerer Form und zum ganzen
Volke.

Es war nur gut, daß der noch immer Geächtete, Raſtloſe,
auf dem ſo viel laſtete, in den Wirren dieſer Jahre ein
glückliches Heim hatte. Dort führte die tapfere, liebende
Gattin energiſch die Zügel. Friſche, geſunde Kinder wuch=
ſen heran. Freund und Gaſt wurden immer willkommen
geheißen. Am großen grünen Kachelofen, dem in der
Wartburg ähnlich, den Luther im großen Wohnzimmer des
Schwarzen Kloſters hatte ſetzen laſſen oder am hellen
Fenſterſitz, der immer fleißigen Käthe gegenüber, konnte
der Vielbeſchäftigte ausſpannen und ausruhen. Gern ſang
er mit ſeinen Kindern und ſpielte dazu Laute. Als ſie vor
Weihnachten 1535 ſein neues Weihnachtslied einübten, lag
ſein jüngſtes Töchterchen Margarete in der Wiege, Paul
(nach dem Apoſtel Paulus genannt, dem der Vater ſo viel

verdankte), war noch nicht drei, Martin war vier Jahre alt.
Zwischen der sechsjährigen blonden und lieblichen Magda=
lene und dem ältesten Sohne Hans war eine kleine Elisabeth
in schwerer Pestzeit geboren und nach einigen Monaten
wieder gestorben. Frau Käthes treue Hilfe bei den Kindern
und im Haushalt war die ehemalige Nonne aus Kloster
Marienthron, Magdalene von Bora, die geliebte Muhme
Lene. Freund Melanchthon war oft dabei. Gern hörte er
die hellen Kinderstimmen und ihres Vaters melodischen
Bariton die schönen Worte singen: „Vom Himmel hoch, da
komm ich her; Ich bring euch neue gute Mär."

Die Lutherkinder waren nicht eingeschüchtert, wie einst
ihr Vater und seine Geschwister, obgleich sie mit einer
gewissen Strenge behandelt wurden und gehorchen mußten.
Martin Luthers Grundsatz war: „Man muß also strafen,
daß der Apfel bei der Rute sei." Seine Kinder hatten
viele gleichaltrige Spielgenossen in befreundeten Familien
wie den Melanchthons und Jonas. Auch im Schwarzen
Kloster fehlte es nicht an Jugend. Luther hatte elf ver=
waiste Neffen und Nichten aufgenommen und noch einige
Verwandte von ihm und seiner Frau. Dann waren, außer
seinem Famulus und dem Leiter der Börse, die Studenten
da, unter ihnen ein Sohn der gütigen Frau Ursula Cotta
aus Eisenach, an dem Luther und seine Frau das vergalten,
was seine Eltern einst dem Kurrendschüler Martin Gutes
getan hatten. Das Schwarze Kloster war, unter Frau
Käthes Aufsicht und mit der Hilfe von Freunden, fertig
ausgebaut, um für alle Platz zu schaffen. Die Hausfrau
hatte auch, nach schwerem Kampfe mit ihrem Manne,
erreicht, daß die wohlhabenden Studenten ein Kostgeld

zahlten. Trotz aller Hilfsquellen war es oft schwer, alle
satt zu kriegen, zumal sie nie wußte, wer als Gast erscheinen
würde. Zum Kloster gehörten Fischteiche, Gemüse= und
Obstgärten. Dieses oder jenes Stück Land wurde dazu
gepachtet oder gekauft. Frau Käthe betrieb Viehzucht und
Schweinezucht und hielt Geflügel. Sie braute ein vor=
zügliches leichtes Bier. Der Kurfürst und andere Freunde
schickten ihr Wildbret. Johann Friedrich gab ihr, im Jahre
1539, 600 Gulden, damit sie von ihrem Bruder ein kleines
Gut, den letzten Rest Erbbesitz der Bora, kaufen konnte. Der
Kurfürst und Andere halfen ihr auch, das vernachlässigte
Gut wieder ordentlich in Schuß zu bringen.

Katharina Luther mußte selbständig und oft heimlich
handeln, denn ihr Mann schlug fast jede Gabe ab. Dabei
verschenkte und verlieh er mehr als er hatte und machte
Schulden, trotzdem Johann Friedrich seinen Gehalt auf
300 und später auf 400 Gulden erhöhte. Als Kurrend=
schüler und Hausgenosse der Familie Cotta und als Mönch
hatte er nicht mit Geld umgehen lernen, und trotz redlicher
Versuche von Zeit zu Zeit, konnte er noch immer nicht
abrechnen. Schließlich gab er es auf und meinte seufzend:
„Unser Herrgott muß der Narren Vormund sein." Er
wollte nie einen Pfennig annehmen für seine Schriften
oder seine Pfarrerdienste; Kollegiengelder nahm er auch
nicht. Er sagte immer: „Ich kann meine Seele und die
freien Gaben Gottes nicht verkaufen."

Auch sonst machte Luther seiner Gattin oft Verdruß und
Not. Er glaubte, wie vor seine Heirat, mitunter selber
einen Flicken aufsetzen zu können. Eines Tages, als ihr
Söhnchen Hans klein war, wollte ihm die Mutter sein

Sonntagswams anziehen. Nach vergeblichem Suchen fand
sie, daß es ihr Mann zerschnitten hatte, um damit seine
zerrissene Tuchhose zu flicken. Wenn bei Tisch die Männer
eifrig miteinander redeten, ließen sie häufig das von der
Hausfrau so sorgfältig gekochte Essen kalt werden. „Was
soll das heißen," rief sie einmal Melanchthon und Justus
Jonas an, „daß ihr unaufhörlich redet und nicht esset?"
Sie wußte, wie wichtig das gute heiße Essen für ihren Mann
war, der sich nicht schonen konnte und doch nicht gesund
war. Neben einem schmerzhaften Steinleiden hatte er
häufig Schwindel und Ohnmachten, litt an Beklemmungen
und glaubte sich dann vom Teufel gequält, der ihn an
seinem großen Werke hindern wollte. Sie half ihm mit
ihrem gesunden Sinn und ihrer treuen Sorge, und er
dankte es ihr, wenn er sie auch gern neckte und „Mein Herr
Käthe" nannte. Zusammen trugen sie, was ihnen an Leid
gesandt wurde. Die gute alte Muhme Lene starb 1537,
und im Herbst 1542 wurde ihnen auch ihr liebstes Kind, die
sonnige dreizehnjährige Magdalene, nach kurzer Krankheit
entrissen. Zusammen trauerten sie; zusammen fanden sie
den Weg in den Alltag zurück.

Im Schwarzen Kloster stand man früh auf, am frühesten
die Hausfrau, den ihr Mann scherzend den Morgenstern
von Wittenberg nannte. Schon um vier Uhr mußte sie auf
den Beinen sein, um alles schaffen zu können. Nach der
Morgenandacht gab es ein Frühstück von Suppe oder
Warmbier mit Brot und Käse, wozu nur Luther Butter
aß. Um sieben Uhr begann er im großen Auditorium
seines Hauses seine Vorlesungen; nachher diktierte er oder
empfing Besuch, den er häufig zum Mittagessen einlud.

Mittlerweile hatte Frau Käthe mit Muhme Lene und
später mit den Nichten den Tagesplan gemacht und fürs
Essen gesorgt. Um zehn oder halb elf Uhr ging groß und
klein zu Tisch — nie weniger als fünfundzwanzig Personen,
oft viel mehr. Die Kinder sprachen nur, wenn sie etwas
gefragt wurden. Die Studenten wurden von Luther mit
ins Gespräch gezogen. Er selber war natürlich der Mittel=
punkt. Nach Tisch ruhte der Hausherr bis gegen zwei Uhr,
ging dann wieder an den Schreibtisch. Die Frauen gingen
gleich in Küche, Keller und Garten, denn um fünf Uhr
gab es wieder warmes Essen. Nachher sang Luther gern
mit den Kindern, während Käthe nähte und flickte. Oder
er ging mit Freunden in Hof und Garten, saß auch mit
ihnen unter dem Birnbaum, wo er in der ersten Zeit seiner
Tätigkeit in Wittenberg so oft mit seinem 1524 gestorbenen
väterlichen Freunde Staupitz gesessen und geredet hatte,
daß ihm war, als sei „alles voll Bibel". Manchmal ging er
den kleinen Privatweg, der seinen Garten mit dem Me=
lanchthons verband, saß mit dem Freunde an dessen run=
dem Steintisch unter hohen Bäumen, oder stieg mit ihm
in das ruhige Arbeitszimmer im ersten Stock. Während=
dessen brachte daheim Käthe die Kinder zu Bett und sah
noch überall nach dem Rechten. Um neun Uhr mußten
ihre fleißigen Hände ruhen. Ihr Mann sagte dann:

„Jetzt heißt's beten und schlafen."

Wenn dann das Ehepaar in ihrem Schlafzimmer war,
stand Martin Luther noch ein Weilchen am offnen Fenster,
schaute zum Himmel hinauf und betete laut. Er sprach
mit seinem Gott über alles, was der Tag gebracht hatte,
wie ein Kind, das vertrauensvoll zum Vater spricht. Er

war tief durchdrungen von dem, was er einmal so aus=
drückte:

„Was ist Luther? Ist doch die Lehre nicht mein.“

IX. Die letzte Reise

(1546)

Alt und müde, erschöpft von seinem schmerzhaften Stein=
leiden und von häufigen Brust= und Herzbeschwerden,
schloß der zweiundsechzigjährige Luther seine letzte Vorle=
sung in Wittenberg mit den Worten:

„Ich kann nicht mehr. Ich bin zu schwach. Bittet Gott,
daß Er mir ein seliges Ende verleihe!“

Da kam, mitten im kalten Winter, eine Bitte, die er
nicht abschlagen wollte. Die Grafen von Mansfeld hatten
sich über Erbschaftsangelegenheiten entzweit. Luther war
schon zweimal vergebens dorthin gereist. Nun sollte er ein
drittes Mal versuchen, die Brüder miteinander zu ver=
söhnen. Frau Käthe, um seine Gesundheit besorgt, wollte
ihn nicht gern reisen lassen. Er machte sich aber am 23.
Januar 1546 bei starkem Frost auf den Weg. Seine Söhne,
ihr Hauslehrer und sein Famulus begleiteten ihn. In
Halle wurde er drei Tage aufgehalten, weil die Saale
wegen des Hochwassers und der großen Eisschollen un=
passierbar war. Dann aber ging er weiter, begleitet von
seinem Freunde Justus Jonas, der in Halle Oberpfarrer
war. An der Grenze der Grafschaft Mansfeld warteten
mehr als hundert Reiter, um dem verehrten Reformator
das Geleit zu geben.

In Eisleben, unweit von seinem Geburtshause, fand
Luther mit seinen Begleitern gastliche Aufnahme in einem
Patrizierhause, wo die Verhandlungen stattfinden sollten.
Man gab ihm ein großes vierfenstriges Wohnzimmer im
ersten Stock und ein zweifenstriges Schlafzimmer daneben.
Im geräumigen Eßzimmer im Erdgeschoß versammelte
sich allabendlich ein Kreis von Freunden und Verehrern.
An seine treue Käthe schrieb Luther oft und beruhigend. Er
freute sich auf ein baldiges Wiedersehen in Wittenberg. An
den drei Sonntagen seines Aufenthaltes predigte er von
der schlichten Holzkanzel der schönen gotischen Andreaskirche. Die letzte Predigt brach er ab mit den Worten:

„Ich bin zu schwach. Wir wollen's hierbei bleiben lassen."

Endlich war am 17. Februar der Streit der fürstlichen
Brüder durch einen Vergleich beendet. Luther fühlte sich
schwach und krank und mußte tagsüber viel auf dem Ledersofa seines Wohnzimmers ruhen. Er ging aber wie ge-
wöhnlich zum Abendessen hinunter. Bei Tisch sagte er:

„Ich will nun nicht langer verziehen. Ich will mich nach
Wittenberg machen und mich in einen Sarg legen."

Um acht Uhr ging Luther in sein Wohnzimmer, von
seinen nächsten Freunden begleitet. In fieberhafter Unruhe und mit schweren Beklemmungen ging er hin und
her, setzte oder legte sich kurz hin, betete laut am offnen
Fenster. Plötzlich wandte er sich zu Dr. Jonas und sagte:

„Ich achte, ich werde hier in Eisleben, wo ich geboren und
getauft bin, bleiben."

Endlich konnte er sich ins Bett legen und bis ein Uhr
morgens ruhig schlafen. Dann wachte er auf und ging aus
dem kleinen Schlafzimmer in das große luftige Wohn-

zimmer, wo er beſſer atmen konnte. Um das Lederſofa
verſammelten ſich alle Hausgenoſſen, zwei Ärzte, einer
der Grafen Mansfeld mit ſeiner Gattin, dieſer und jener
aus dem Freundeskreiſe. Man ſah, daß es zu Ende ging.
Jonas und ein anderer Geiſtlicher fragten Luther, ob er an
dem Glauben, den er gepredigt, auch im Tode feſthalte.
Er antwortete mit einem lauten, freudigen „Ja!“ Dann
verlor er das Bewußtſein und wurde immer bleicher und
kälter. Nach zwei Uhr ſeufzte er tief auf und eine Herz=
lähmung trat ein. In derſelben Stadt, wo vor dreiund=
ſechzig Jahre der arme Bergmannsſohn das Licht der Welt
erblickt hatte, ging er als ein ganz Großer zur letzten Ruhe
ein.

Überall von trauernden Menſchenmengen begleitet,
wendete ſich der Trauerzug langſam nach Wittenberg. Am
Morgen des 22. Februar ging er durch das Tor, vor wel=
chem einſt der Verſtorbene die päpſtliche Bannbulle ver=
brannt hatte und wo jetzt Bürger und Univerſitätsmit=
glieder warteten. Dann ging es nach dem ehemaligen
Auguſtinerkloſter, das mehr als zwanzig Jahre lang eine
Stätte häuslichen Glückes geweſen war. Am Eingang
ſtand die gebeugte Witwe mit ihren Kindern, bereit, ſich
dem Zuge anzuſchließen, an deſſen Spitze Geiſtliche
ſchritten und Fürſten ritten und dem eine große Volks=
menge folgte. Unter Glockengeläut und Kirchengeſang ging
der lange Zug durch die Stadt. Man trug den Sarg in die
Schloßkirche durch die Tür, an welche im Jahre 1517 der
unerſchrockene Mönch die fünfundneunzig Theſen ange=
ſchlagen hatte. Seine ſterbliche Hülle wurde in die Gruft
geſenkt, wo unter weltlichen Fürſten dieſer Geiſtesfürſt

bestattet wurde und wohin sein treuer Freund und Mitar=
beiter Philipp Melanchthon nach vierzehn Jahren eben=
falls gebracht werden sollte.

Dort ruht nun der große Reformator Martin Luther, an
der Stelle, von der aus die Reformation weit über Deutsch=
lands Grenzen hinausgegangen ist. Er hat mehr erreicht,
als er je hoffen konnte. In stolzer Bescheidenheit hatte er
einst geschrieben:

„Ich habe das Meine getan. Ich wollte dem deutschen
Lande gern geraten und geholfen haben."

X. Zeittafel

1483. Martin Luther am 10. November zu Eisleben geboren.

1484. Übersiedlung der Familie Luther nach Mansfeld.

1497. Martin wurde nach Magdeburg geschickt, um bei den Klosterbrüdern zu lernen.

1498. Martin wurde nach Eisenach geschickt. Kurrendschüler. Aufnahme ins Cottahaus.

1501–5. Studienzeit in Erfurt. Erwerbung der drei Grade Baccalaureus der Philosophie, Magister der Freien Künste, Doktor der Philosophie.

1505. Eintritt als Novize ins Augustinerkloster zu Erfurt.

1506. Mönchsgelübde.

1507. Priesterweihe.

1508. Berufung an die Universität Wittenberg als Professor der Philosophie.

1509. Rückkehr ins Erfurter Kloster zum Weiterstudium.

1510–11. Reise nach Rom.

1511. Tod der Frau Ursula Cotta.

1512. Promotion zum Doktor der Theologie und Übersiedlung nach Wittenberg als Professor der Theologie.

1517. Anschlag der 95 Thesen an die Tür der Schloßkirche zu Wittenberg am 31. Oktober.

1518. Philipp Melanchthon als Professor des Griechischen nach Wittenberg berufen.

1520. Von der Freiheit eines Christenmenschen. Verbrennung der päpstlichen Bannbulle am 10. Dezember.

1521. Luther vor Kaiser Karl V. und dem Reichstag in
Worms. Am 4. Mai Luthers Ankunft auf die Wart=
burg. Junker Jörg. Die Bilderstürmer in Witten=
berg.

1522. Luthers deutsche Bibelübersetzung begonnen. Das
Neue Testament auf der Wartburg vollendet und
im Herbst gedruckt. Luther verließ die Wartburg am
1. März und traf am 6. März in Wittenberg ein.

1523. Katharina von Bora und acht andere Nonnen flohen
aus ihrem Kloster und kamen nach Wittenberg.

1524. Tod des Generalvikars Staupitz.

1525. Der Bauernkrieg. Im Mai starb der Kurfürst Fried=
rich der Weise von Sachsen und sein Bruder Johann
der Beständige kam zur Regierung. Im Juni heira=
tete Luther Katharina von Bora.

1529. Reichstag zu Speier. Protestation der evange=
lischen Fürsten und Reichsstädte und Bezeichnung
von Luthers Anhänger als Protestanten.

1530. Reichstag zu Augsburg. Augsburger Konfes=
sion. Luther auf der Feste Coburg, wo er die
deutsche Übersetzung vom Alten Testament
vollendete.

1546. Martin Luther am 18. Februar zu Eisleben ge=
storben und am 22. Februar in der Schloßkirche zu
Wittenberg bestattet.

NOTES

Page 8, l. 30. "Panem propter deum!" "Bread, for the love of God!"

Page 11, l. 18. The *Wartburg*, which crowns the summit of a steep wooded hill outside Eisenach and has a marvellous view on all sides, was built in the eleventh century and proved impregnable. No safer or more beautiful refuge could have been found for the proscribed and excommunicated Luther after the Diet of Worms.

Page 11, l. 23. *Barett*. In Luther's time a headmaster wore his special cap in class as a mark of his qualifications.

Page 17, l. 18. *Porta del Popolo*—the People's Gate.

Page 19, l. 10. Passa, passa = hurry up.

Page 19, l. 14. Scala Santa = Holy Staircase.

Page 19, l. 22. Habakkuk II, 4: "The just shall live by his faith." (A.V.).

Page 20, l. 1. In Luther's time the *Guilder* was worth as much as £1 of our money is to-day.

Page 20, l. 4. Doktorhut und Doktorring. The cloth hat and golden ring were the insignia of the doctorate.

Page 27, l. 4. The German expression *den Stab brechen*, now applied to any sentence or condemnation and not necessarily to the death sentence, owes its origin to the medieval custom of announcing the death sentence to a victim while holding up before him a thin wooden rod and solemnly snapping it in two.

Page 36, l. 28. "Bist du es, so sei es!" "If it be thou, well and good!"

Page 40, l. 11, page 52, l. 22. *Kachelofen*. These large stoves, built of smooth tiles, which are still in use in Germany, give a good even heat and are both easy to manage and economical. The two green ones used by Luther at the Wartburg and in his living room at Wittenberg are shown to the public, also that in Melanchthon's study at Wittenberg.

Page 43, l. 22. There were two Lutheran pastors in Wittenberg, both close friends of Luther. The one attached to the *Schlosskirche* (Castle Church) was known as the *Schlosspfarrer*. The one attached to the parish church (*Stadtkirche*) was known as the *Stadtpfarrer*. Till twelve years after Luther's death Bugenhagen was Stadtpfarrer, and it was in the parish church that Luther himself used to preach.

Page 48, l. 14. Luther's three Electors of Saxony ruled as follows:

Frederick the Wise	...	...	...	1486–1525
John the Steadfast	...	...	...	1525–1532
John Frederick the Magnanimous		...		1532–1547

In 1547, the year after Luther's death, John Frederick was defeated, taken prisoner, and deprived of his Electorate by Charles V at the beginning of the Wars of Religion (*Religionskrieg*). The painter Lukas Cranach the Elder, Luther's friend, obtained leave to share his prince's captivity. Neither of them returned to Wittenberg. As the Emperor's prisoner, John Frederick was allowed to see his sons in the Black Bear Inn at Jena, and he agreed with them to found a Protestant University in place of the one lost to them at Wittenberg. The new University was installed in an extensive former monastery at Jena. After a Protestant victory in 1552, John Frederick was released and was free to enjoy his possessions in Thuringia. He made his home at Weimar, where Lukas Cranach also settled. John Frederick died in 1554.

Page 50, l. 11. The Lutheran church in Germany was from the beginning called the *Evangelical Church*, because Luther based all his teaching on the Gospels alone. It was at first only the enemies of the new doctrine who called its adherents *Protestants*. By the time of Charles V's death in 1559, only one-tenth of the population of Germany had remained Roman Catholic.

APPENDIX

LUTHER'S MOST FAMOUS HYMN

Ain feste burg ist unnser Gott　　　Ein feste Burg ist unser Gott,
ain gute wör und waffen　　　　　　Ein gute Wehr und Waffen;
Er hilfft uns frey auß aller Nott　　Er hilft uns frei aus aller Not,
die uns yetz hat betroffen　　　　　Die uns jetzt hat betroffen.
der alt bose feyndt　　　　　　　　Der alte böse Feind
mitt ernst ers yetzt meint　　　　　Mit Ernst es jetzt meint,
groß macht und vil list　　　　　　Groß Macht und viel List
sein grausam rüstung ist　　　　　　Sein grausam Rüstung ist,
auff erd ist nicht seins gleichen.　Auf Erd ist nicht seinsgleichen.

Mit unnser macht ist nichts gethan　Mit unsrer Macht ist nichts getan,
wir seind gar bald verloren　　　　Wir sind gar bald verloren;
Es streyt für uns der rechte man　　Es streit't für uns der rechte Mann,
den Got hat selbs erkoren　　　　　Den Gott selbst hat erkoren.
Fragst du wer der ist　　　　　　　Fragst du, wer der ist?
er hanst Jhesu Christ　　　　　　　Er heißt Jesu Christ,
der Herr Zebaoth　　　　　　　　　Der Herr Zebaoth,
unnd ist kain ander Gott　　　　　　Und ist kein ander Gott;
das feld muß er behalten.　　　　　Das Feld muß Er behalten.

Und wenn die welt vol teüfel wer　　Und wenn die Welt voll Teufel wär
und wolt uns gar verschlingen　　　Und wollt uns gar verschlingen,
So fürchten wir unns nicht zu fer　So fürchten wir uns nicht zu sehr,
es sol uns doch gelingen　　　　　　Es soll uns doch gelingen.
Der Fürst diser wellt　　　　　　　Der Fürst dieser Welt,
wie sauer er sich stellt　　　　　　Wie sauer er sich stellt,
thut er uns doch nicht　　　　　　　Tut er uns doch nichts;
das macht er ist gericht　　　　　　Das macht, er ist gericht't,
ain wortlin kan jn fellen.　　　　　Ein Wörtlein kann ihn fällen.

Das wort ſy ſollen laſſen ſtan	Das Wort ſie ſollen laſſen ſtahn
unnd kain danck darrzu haben	Und kein'n Dank dazu haben;
Er iſt bey unns wol auff dem plan	Er iſt bei uns wohl auf dem Plan,
mit ſeinem gayſt und gaben	Mit ſeinem Geiſt und Gaben.
nemen ſy den Leyb	Nehmen ſie den Leib,
gut ehr kind und weyb	Gut, Ehr, Kind und Weib,
laß faren dahin	Laß fahren dahin,
ſy habens kain gewin	Sie habens kein Gewinn,
das reych muß uns doch bleyben.	Das Reich muß uns doch bleiben.
(As printed in 1529)	*(As sung to-day)*

EXERCISES

1. Learn by heart the poem "Ein feste Burg".

2. Take each picture in turn and write a short account in German of the episode it represents.

3. Put into dramatic form, in German, the following scenes: Luther's two appearances before Charles V; the reunion between Luther and his friends after his confinement in the Wartburg; Luther's dinner-table after his marriage.

4. Write a short account in German of the life of Luther's wife.

5. Note down all words and phrases which are new to you, learn these and use them in answering questions 2, 3 and 4.

Wörterverzeichnis

abbringen *s.* put off, lead away from

Abendessen *n.* supper; zu Abend essen sup

Aberglaube *m.* superstition

abergläubisch superstitious

abfinden (*refl.*) *s.* be reconciled to, make the best of

Abgeordnete(r) *m.* delegate

abgesehen von apart from, besides

abgezehrt consumed, wasted

Ablaß *m.* indulgence

Ablaßhandel *m.* sale of indulgences

Ablaßzettel *m.* indulgence ticket

Ablehnung *f.* aversion

abrechnen *w.* keep accounts

Abschied nehmen *s.* take leave, bid farewell

abschlagen *s.* refuse

abschreiben *s.* copy

absitzen *s.* offsaddle, dismount

Äbtissin *f.* abbess

Abwesenheit *f.* absence

achten *w.* respect, esteem, think

achten auf *w.* note carefully, take care, be careful

ächten *w.* ban, outlaw

Achtung *f.* respect

adlig of noble birth

Adliger *m.* nobleman, aristocrat

ahnen *w.* foresee

Ahnung *f.* foreboding, idea

akademisch academic, university

Albrecht (*name*) *m.* Albert

allabendlich every evening

allerdings indeed, to be sure

Allerseelen All Souls

allgemeinen: im — in general, generally, as a rule

Alltag *m.* everyday life

allzubald all too soon

Alpen (*pl.*) Alps

alt old; ancient, antique; —e Geschichte ancient history; das —e Rom ancient Rome

Alt, Altstimme contralto voice; Knabenalt boy contralto

Altar *m.* altar

altern *w.* age, grow old

Ältester *m.* eldest son

Amt *n.* calling, office

Anblick *m.* sight

anbrechen *s.* break (*dawn*); close in (*dusk*)

Andacht *f.* devotion, piety; prayers

andächtig devout

anders (*adv.*) otherwise, differently

anderswo elsewhere

Andreas (*name*) *m.* Andrew

Andreaskirche *f.* St Andrew's Church

anerkennen *s.* acknowledge, appreciate

Anfang *m.* beginning, starting-point

angehen *s.* concern; ging ihn nichts an did not concern him, was no concern of his

Angehörige (*pl.*) family, relatives

Angelegenheit *f.* business, matter

angestrengt arduous, strenuous

Angriff *m.* attack; in — nehmen set to work on

Anhänger *m.* adherent, disciple

ankommen *s.* arrive, depend

ankündigen *w.* announce

annehmen *s.* accept

anrufen *s.* call out to, invoke

Anschlag *m.* nailing up, notice

anschlagen *s.* nail up, attach

anschließen (*refl.*) *s.* join

ansehen *s.* look at, consider

Ansehen *n.* dignity, importance, prestige

Anspruch *m.* claim; in — nehmen absorb, preoccupy

Anweisung *f.* instructions

anwesend present

Anwesender *m.* one who is present

anziehen put on

anzünden *w.* light, set light to, kindle

Apotheke *f.* chemist's shop

Arbeiter, Arbeitender *m.* worker

arbeitsreich hardworking, active, industrious, laborious, strenuous

Arbeitszimmer *n.* study

Armenpflege *f.* welfare work

ärmlich poor, poverty stricken

Armut *f.* poverty

Arzt *m.* doctor, physician

atmen *w.* breathe

Auditorium *n.* lecture room, lecture hall

aufbrechen *s.* break up, disperse

aufbringen *s.* introduce, establish

Aufenthalt *m.* stay

auffallen *s.* strike

aufhalten *s.* hold up, detain

Aufnahme *f.* reception; gastliche — finden be hospitably received

aufnehmen *s.* take up, receive, take in; bei sich — offer a home to, take into one's home

aufrecht upright

aufrechthalten *s.* maintain

aufsässig rebellious, mutinous

aufschlagen *s.* blaze up

Aufsicht *f.* supervision

aufstehen *s.* stand up, rise, get up

aufsteigen *s.* arise

Auftreten *n.* demeanour, bearing

aufwachen *w.* wake up, awake

Augustiner *m.* Augustinian, Austin friar, Black friar

Augustinus (*name*) *m.* Augustine

ausbauen: fertig — *w.* finish building and make additions

ausbeuten *w.* exploit

ausführlich detailed, circumstantial, lengthy

ausgedehnt extensive, widespread

ausgezeichnet excellent

aushalten *s.* stand, bear, endure

Auskommen *n.* competence, enough to live on; — finden manage to earn a living

ausliefern *w.* deliver up, hand over, betray

Auslieferung *f.* giving up to justice

ausrufen *s.* cry out, cry aloud

ausruhen *w.* rest

Außenwelt *f.* outside world; nach außen hin in the eyes of the world, apparently

außerhalb outside

außer sich beside oneself

aussöhnen *w.* (*refl.*) be reconciled

ausspannen *w.* relax

aussprechen *s.* express, pronounce; (*refl.*) *s.* speak freely, unburden oneself, vindicate oneself

Autorität *f.* authority

Baccalaureus *m.* bachelor (*university degree*), B.

baldig speedy

bang anxious, frightened

Bannbulle *f.* papal bull of excommunication

Bannfluch *m.* excommunication

Bär *m.* bear

Barett *n.* biretta; skull cap

Bariton *m.* baritone

Bart *m.* beard

bärtig bearded

Bau *m.* building, erection

Bauernkrieg *m.* Peasants' War

Bayern Bavaria

beantworten *w.* answer

Bedenken *n.* scruple, misgiving; objection

Bedenkzeit *f.* respite, time for consideration

bedeutend important, distinguished

bedeutsam important, significant, momentous

bedrohen *w.* threaten

beenden *w.* end

befehlen *s.* (*refl.*) commend oneself

befolgen *w.* follow, obey

befreien *w.* release, deliver

Befreier *m.* rescuer

befreundet friendly, on friendly terms, of friends

Befriedigung *f.* satisfaction

begabt gifted, talented

begeistern *w.* inspire, rouse to enthusiasm

Begeisterung *f.* enthusiasm, delight

Begleitung *f.* company, accompaniment

begraben *s.* bury

begründen *w.* find reasons for, justify, vindicate

begrüßen *w.* greet

behalten *s.* keep, retain; das Feld — be victorious

behandeln *w.* treat

behaupten *w.* declare, maintain

beherbergen *w.* take in, shelter, harbour, receive

beibehalten *s.* retain, keep

Beichte *f.* confession

Beichtkind *n.* penitent

Beiname *m.* cognomen, nickname

Beinen: auf den — sein be up and about

beiseite aside, apart; — bringen remove, get out of the way; conceal

beisteuern *w.* contribute

beitragen *s.* contribute

bekennen *s.* (*refl.*) profess, declare allegiance to

Beklemmung(en) *f.* (*pl.*) suffocation

bekommen get zu sehen — be allowed to see

bereit ready, willing

bereuen *w.* regret

Bergmann *m.* miner

Bergleute (*pl.*) miners

berichten *w.* report

beritten mounted, on horseback

Beruf *m.* profession

berufen *s.* call, appoint; — (sich) auf appeal to, take one's stand on

Berufung *f.* summons, call

beruhigen *w.* calm, reassure

beschäftigen *w.* occupy

Bescheidenheit *f.* modesty, humility

beschließen *s.* determine, decide

Beschwerde *f.* trouble, complaint

beschwören *s.* implore

besiegen *w.* defeat, vanquish, subdue

besorgt anxious, concerned

besprechen *s.* talk over, discuss

Besprechung *f.* discussion

beständig constant

bestatten *w.* bury, lay to rest

besteigen *s.* ascend, go up

Bestellung *f.* order, commission

bestimmen *w.* decide, determine, destine, appoint

Bestrebung *f.* desire, aspiration; effort

Besuch *m.* visit, visitor(s), company

besuchen *w.* visit, attend

beten *w.* pray, say one's prayers

Beten *n.* praying

Bett: zu — bringen put to bed

Bettelmönch *m.* mendicant friar

betteln *w.* beg

Betteln *n.* begging

betreffen *s.* befall

betreiben *s.* go in for

betreten *s.* set foot on; set foot in, enter

beunruhigen *w.* upset, perturb, worry

bewegen *s.* persuade

Bewegung *f.* movement; emotion

Bewohner *m.* inmate

bewundern *w.* admire

bewußt conscious; voll — fully conscious

Bewußtsein *n.* consciousness; das — verlieren faint, become unconscious

bezahlen *w.* pay

Bezeichnung *f.* designation

Bibel *f.* Bible; alles voll Bibel all full of Biblical associations

Bibelstudium *n.* study of the Bible

Bibelübersetzung *f.* translation of the Bible

Bier *n.* beer, ale

Bilderstürmer *m.* image-breaker, iconoclast

Bilderstürmerei *f.* smashing of images, destruction of religious statues, iconoclasm

Birnbaum *m.* pear tree

Bischof *m.* bishop

Bistum *n.* diocese
blaß pale
blauäugig blue eyed
bleiben: hierbei — lassen leave it at that, leave off here
bleich pale, wan
blicken *w.* glance, look
blond fairhaired
blühen *w.* to be in blossom
blutig sanguinary
blutig schlagen whip till the blood comes
Boden *m.* earth, ground; floor
Bora (*family name*) *pl.* die Bora the Boras
borgen *w.* borrow
bös, böse bad, evil, terrible; angry; der Böse *m.* the Evil One, Satan
Braurecht *n.* right of brewing
Brennholz *n.* firewood
Brust *f.* chest
bücken *w.* stoop
Bulle *f.* papal bull
Bündnis *n.* union, alliance, coalition
Burg *f.* castle, citadel, stronghold, fortress; feste — strong fortress, safe refuge
Bürger *m.* townsman, citizen
Bürgerhaus *n.* town house; aus einer **Bürgerfamilie** stammend town bred, of middle-class origin
bürgerlich middle-class
Bürgermeister *m.* burgomaster, mayor
Buße *f.* penance

Chor *m.* choir
Choral *m.* hymn
Chorknabe *m.* choirboy

Christ, Christenmensch *m.* Christian
Christenheit *f.* Christianity, Christian world
christlich Christian

dabei present
daheim at home
dahinfahren *s.* disappear
dahinfallen *s.* fall down, fall by the way
Dämmerung *f.* twilight, dusk, dawn; bei anbrechender — as it grew dusk
danebenstehend adjoining
Dank *m.* thanks
danken *w.* thank, be grateful to
Deklination *f.* declension
demütig humble
deutsch German; das deutsche Land the country of Germany; Germany
Deutscher *m.* German
Deutschland Germany
Diamant *m.* diamond
dichten *w.* write poetry
dieser und jener one or the other, some
diktieren *w.* dictate
direkt direct
Doctor, Doktores (*old learned form of* Doktor, Doktoren)
Doktor *m.* doctor
Dominikanermönch *m.* Dominican monk
Donner *m.* thunder
drängen *w.* force, urge
dreierlei three. kinds of — Sorten three different kinds of
dreimal thrice
dreitägig lasting three days
drohen *w.* threaten

Druck: in — geben send to the press

Duldsamkeit f. tolerance, toleration

durchdenken s. think out, weigh well, examine carefully; wohl durchdacht well thought out, scholarly

durchdringen s. penetrate; tief durchdrungen absolutely convinced

durchführen w. carry out

durchgeistigt ethereal, spiritual

durchnässen w. soak, drench

durchnäßt drenched, wet through

Durchschnitt m. average

durchwandern w. wander through

dürfen s. be allowed, be privileged

ebenfalls likewise

Edelknabe m. page

Ehe f. marriage

Ehefrau f. wife

Ehelosigkeit f. celibacy

ehemalig former

Ehemann m. husband

Ehepaar n. married couple, husband and wife

Ehering m. wedding ring

Ehre machen do credit; alle — machen do great credit

ehren w. honour

Ehrenmann m. man of honour, honourable

ehrfurchtsvoll . respectful, reverent

eifrig keen, eager, assiduous

Eindruck m. impression

einfallen s. collapse

einführen w. introduce, establish

Eingang m. entrance

eingreifen s. take action, intervene

einigermaßen somewhat, more or less

Einigung f. agreement

einkehren w. stop, put up

Einklang m. harmony

Einladung f. invitation

einlassen s. admit

Einnahme(n) f. (pl.) income, earnings

Einnahmequelle f. source of income

einrichten w. establish, organise, arrange

Einrichtung f. organisation; furnishing, equipment

Einsamkeit f. solitude

einschlagen s. strike

einschließen s. lock in, lock up

einschmuggeln w. smuggle in

einsetzen w. begin, be inaugurated

einstellen w. leave off, discontinue, suspend

Einstellung f. suspension, abolition

einstweilen for the moment, for the time being

eintreffen s. arrive

eintreten für s. advocate

einüben w. practise, learn

Einzelfall m. individual case

Einzelmahlzeit f. single meal

einziehen s. enter, make one's entry; move in, be installed

elend miserable, wretched; ailing

Empfinden n. feeling

Ende: es geht zu — the end is near

Endziel *n.* final destination

Enkel *m.* grandson

Entbehrung *f.* privation

entbinden *s.* release

entdecken *w.* discover

entfahren *s.* slip out, break away, escape; es entfuhr ihr she burst out unawares

entfernt distant; nicht allzu weit — not so very far off

entfliehen *s.* flee, escape

entflohen escaped, runaway

entführen *w.* kidnap, carry off, spirit away

Entführung *f.* kidnapping, escape

entreißen *s.* snatch away; wurde ihnen entrissen was taken from them

entsagen *w.* renounce, give up

Entscheidung *f.* decision

entschließen *s.* (*refl.*) determine, make up one's mind

entschlossen determined, resolute

Entschluß *m.* decision, resolution

entsetzen *w.* horrify

enttäuschen *w.* disappoint

entzweien *w.* (*refl.*) quarrel, disagree

erbauen *w.* build, erect

Erbbesitz *m.* hereditary possessions, family lands

erbittert embittered, bitter

erblicken *w.* see, perceive, catch sight of

Erbschaft *f.* legacy, inheritance

Erdbeere *f.* strawberry

Erdgeschoß *n.* ground floor

erfahren *s.* experience; learn, hear

erflehen *w.* implore

Erfrischung *f.* refreshment

erfüllen *w.* grant

ergebnislos ineffectual, without result

ergreifen *s.* seize, arrest

erheben *s.* raise, lift up

erhöhen *w.* raise, increase

erinnern *w.* remind; (*refl.*) remember

erklären *w.* explain, declare

erkoren (*p.p. of* erküren) chosen

erkranken *w.* fall ill

erküren *s.* choose, elect

erlassen *s.* issue

erleben *w.* experience, live to see

erleichtern *w.* relieve

ermuntern *w.* encourage

ernst earnest, serious, grave

erregen *w.* excite, cause, arouse

erreichbar accessible, within reach, obtainable

erreichen *w.* reach, obtain, achieve, carry one's point

erringen *s.* obtain, achieve

erscheinen *s.* appear

erschöpfen *w.* exhaust

erschrecken *w.* startle, alarm, frighten; be frightened

erschüttern *w.* shake, shatter

Erstaunen *n.* surprise, astonishment

erstaunlich amazing, astounding

ersticken *w.* suffocate, choke, stifle; zum Ersticken heiß stifling

erteilen *w.* administer, give

Ertrag *m.* proceeds

erwägen *s.* weigh, balance, ponder

erweisen s. (refl.) prove, turn
    out
erwerben s. acquire
Erwerbung f. attainment, win-
    ning
Erzbischof m. archbishop
Erzherzog m. archduke
erziehen s. educate, bring up
Erziehung f. education
Essen n. food, meal; satt zu
    essen enough to eat; zu
    essen geben give food; fürs
    — sorgen see to the cooking
Eßgerät n. crockery; cups,
    dishes, plates, etc.
Eßzimmer n. dining room
etwa about, possibly; — sagen
    würde might possibly say
etwaig possible
evangelisch evangelical, in ac-
    cordance with the Gospels
Evangelium n. Gospel, Gospels
Exemplar n. copy
Exkommunikation f. excom-
    munication

Fackel f. torch
Fackelschein m. torchlight
fahrender Schüler wandering
    scholar
Fahrgast m. passenger
Fahrt f. drive, journey
fällen w. fell, overthrow
Famulus m. private secretary
    of a university man
Fanatiker m. fanatic
fanatisch fanatical
färben w. dye, colour; (refl.)
    change colour, grow
Faß n. cask, barrel
Februar m. February
Federhut m. plumed hat

Fegefeuer n. Purgatory
fehlen w. miss, be missing
Feier f. ceremony
feierlich solemn
feiern w. celebrate
Felde: auf freiem — in the open
    fields
Feldhauptmann m. commander-
    in-chief
Fenstersitz m. window seat
Ferne: aus der — from afar
fest firm, strong, determined
Fest n. feast, festival
Feste f. fortress
festhalten s. hold fast, adhere
Feuertod m. burning at the
    stake
Fieber n. fever
fieberhaft feverish
Fischteich m. fish-pond
flammen w. flame
flattern w. flutter, dance
Fleiß m. industry
fleißig busy
flicken w. patch, mend
Flicken m. patch, scrap of
    material; irgendein — any
    odd scrap of material
Flugblatt n. pamphlet
flüstern, zuflüstern w. whisper
foltern w. torture
Frau f. woman; wife, Mistress;
    Mrs
Frauenliebe f. love of a woman
freikämpfen w. (refl.) fight for
    and gain freedom
freilich indeed
freiwillig voluntary
Freude f. joy, delight, pleasure
freudig joyful
Freunde: seine nächsten — his
    dearest friends

freundlich friendly, kind, pleasant

Friedrich (*name*) Frederick

Frist *f.* term, time

fromm devout, pious, deeply religious

Frühjahr *n.* spring

führen *w.* lead, conduct, guide, direct

Führer *m.* leader, guide

Fuhrmann *m.* driver

Führung *f.* guidance, conduct

Fünfjähriger, -e *m.f.* five-year-old

Fürst des Reiches *m.* Prince of the Realm

fürstlich princely, royal

Fuß: zu — on foot

Gabe *f.* gift; milde — gift of charity

galt: es — it was necessary

Ganzen: im ganzen on the whole

gänzlich complete, absolute

Gasse, Gäßchen *f.n.* alley, narrow street

Gasthaus *n.* inn

gastlich hospitable

Gaststube *f.* inn parlour

Gatte *m.* husband

Gattin *f.* wife

Geächtete(r) *m.* outlaw

gebildet educated, cultured

gebückt stooping, bowed

Geburtshaus *n.* birthplace

Gedenkstätte *f.* place of remembrance

geeignet suitable

gefährlich dangerous, perilous

Gefährte *m.* companion

gefangennehmen *s.* take prisoner, arrest

Gefangene(r) *m.* prisoner, captive

Gefängnis *n.* prison

Geflügel *n.* fowls

Gefolge *n.* suite

Gegner *m.* opponent, enemy; sein schlimmster — his worst enemy

gegrüßt: sei — I greet thee; hail!

Geheimsekretär *m.* private secretary

Gehölz *n.* copse, trees, forest

Gehorsam *m.* obedience

geistlich spiritual, ecclesiastical

Geistliche (*pl.*) the clergy

Geistliche(r) *m.* cleric, priest, clergyman, pastor

Geistesfürst *m.* prince of the spirit; leader of men

gekleidet dressed, clothed, clad

Gelächter *n.* laughter

gelangen *w.* reach, get into

gelehrig apt, easy to teach, ready to learn

gelehrt learned, scholarly

Gelehrtennatur *f.* scholar's nature

Gelehrter *m.* scholar, learned man

geleiten *w.* conduct; das Geleit geben escort; sicheres Geleit safe conduct

Geleitsbrief *m.* letter of safe conduct

geliebt beloved

gelten als *s.* pass for, be thought to be

Gemeinde *f.* congregation; following

Gemüsegarten *m.* kitchen garden

Gemütsbewegung f. emotion

gen, gegen towards, to; against; ich will gen Worms I will go on to Worms

Generalvikar m. Vicar-General

genesen s. recover, get well

Genesung f. convalescence, recovery

Georg (name) m. George

Gerechte(r) m. just man

Gerechtigkeit f. justice

Gerechtsame f. rights and privileges, prerogative

Gericht: das jüngste — n. the Last Judgment

gern with pleasure; ich wollte gern I would like

Gesandte(r) m. ambassador, legate, nuncio

Gesang m. song, singing

Geschäft n. business

Geschehnisse (pl.) happenings, occurrences, events

geschwächt weakened

Geschwister (pl.) brothers and sisters

gesellschaftlich social; in society matters

Gespräch n. talk, conversation

Gesundheit f. health

getrost of good cheer

gewähren w. grant

Gewalt f. force, power, violence

gewaltig mighty, stupendous

Gewalttätigkeit f. violence

Gewinn m. gain, profit

Gewissen n. conscience

gewissenhaft conscientious

Gewißheit f. certainty

Gewitter n. thunderstorm

gipfeln w. culminate, reach a climax

glänzend brilliant

Glaube m. belief, faith; apostolisches Glaubensbekenntnis n. Apostles' Creed

Glaubenskämpfer m. fighter for one's faith

Glaubenslehre f. doctrine

gläubig devout, believing

gleichaltrig of the same age

gleichen s. resemble, be like

Glocke f. bell; die — ziehen s. ring the bell

Glockengeläut n. ringing of church bells

glühend glowing, red hot

Glut f. burning heat, glowing fire

Gnade f. grace

gotisch Gothic

Gottesdienst m. public worship

Gottesmann m. man of God

gottgewollt in accordance with God's will

göttlich divine

Gottvertrauen n. trust in God

Grad m. degree

Graf m. earl, count

Grafschaft f. county, domain of an earl or count

grausam cruel

grausig gruesome, horrible

greifen s. seize, take hold of

greifen zu s. have recourse to

grell glaring

Grenze f. frontier

Griechisch(e) n. Greek

Greuel m. horror, atrocity

groß und klein grown up people and children

großmütig magnanimous, noble-minded; generous

großziehen s. rear, bring up

grübeln *w.* brood

Gruft *f.* vault, burial vault

Grund *m.* foundation

Grundlage *f.* foundation

Grundsatz *m.* principle

Grundtext *m.* original text, original version

grünen *w.* to be in leaf (of trees)

grüßen *w.* greet, bow; — lassen send greetings

Gulden *m.* guilder

Gut *n.* estate; es ist gut it is a good thing; gut gehen *s.* be well off, prosper; es gut haben be well off, prosper; es besser haben be better off; Gutes tun *s.* do good, show kindness

gutgehend prosperous

gütig kind

halten: treu zu jemandem halten to rally round someone

handeln *w.* act

Handelsstadt *f.* commercial town *or* city

Hans (name) *m.* Jack (*short for* Johannes)

harmonisch harmonious, united

Haselnuß *f.* hazelnut

Haus: von — aus originally

hausen *w.* dwell, live

Hausfrau *f.* mistress of the house, housewife

Hausgenosse *m.* inmate of the same house; living with the family

Haushalt *m.* household

Hausherr *m.* master of the house

Hausierer *m.* pedlar

Hauslehrer *m.* tutor

häuslich domestic, in domestic matters

Hausstand *m.* household, housekeeping

Haut *f.* skin

Hebräisch(e) *n.* Hebrew

heftig violent

Heiland *m.* saviour, redeemer

heilig holy, sacred, saintly; Saint; die Heilige Schrift *f.* the Scriptures

heimatlos homeless

Heimatsort *m.* home, birthplace

heimkehren *w.* go home, return

Heimlichkeit *f.* secrecy

Heirat *f.* marriage

heißen *s.* be called; order, command; was soll das — ? what is the meaning of this? Jetzt heißt's beten und schlafen now it's time for prayers and bed.

heranwachsen *s.* grow, grow up

herausgeben *s.* issue, publish

herbeiführen *w.* bring about, arrange

Hering *m.* herring

herlaufen *s.* run along

Heroldsrock *m.* tabard, herald's coat

Herren: hohe — men of high birth

Herrgott *m.* Lord God

hervorbrechen *s.* break out, burst forth

Hexe *f.* witch

Herzlähmung *f.* heart failure

herzlich hearty, cordial, warm

Hilfsquelle *f.* auxiliary source, aid

Himmel: vom — hoch from high Heaven; in den — gelangen w. get into Heaven, go to Heaven

Himmelreich n. Kingdom of Heaven

hin und her to and fro

hinabsteigen s. descend, go down

hinausgehen s. go forth

hindern w. hinder, prevent

hindurch through

hinlegen w. (sich) lie down

hinrichten w. execute, put to death

Hinrichtung f. execution

hinsetzen w. (refl.) sit down

hintereinander her one behind the other, in single file

Hinweis m. reference, pointing out

hinzufügen w. add

hochaufgerichtet drawn up to one's full height, very erect

hochbegabt highly gifted

Hochwasser n. flood(s)

Hochzeit f. wedding

Hochzeitsessen, Hochzeitsmahl n. wedding breakfast, wedding banquet

Hochzeitsgeschenk n. wedding present

Hof m. court, courtyard, palace; Johanniter- Hospital of the Knights of St John; Bischofs — Bishop's Palace

hoffährtig haughty, arrogant

Hofkaplan m. Court Chaplain

höflich courteous, polite

Hohlweg m. ravine, cutting, woodland lane

höhnisch mocking

Hölle f. hell

Holzkanzel f. wooden pulpit

Holzstoß m. pile of wood

Hörer m. hearer, one of an audience or a congregation

Hornstoß m. bugle call, horn signal

Hose, Hosen f. (pl.) breeches

Hülle f. cover, garment; sterbliche — mortal remains

Ihrigen: die —pl. their (or your) own folks, families, relatives

Inkognito n. incognito

insbesondere especially

instinktiv instinctive

interessieren w. interest; (refl.) be interested in

irgendein any kind of

irren w. err, be mistaken

Italien Italy

italienisch Italian

Jagd f. hunt; auf die — gehen go hunting, go shooting

Jahresgehalt n. yearly salary

Januar m. January

je each, ever; mehr denn — more than ever

Johannes (name) m. John

Johanniterhof Hospital of the Knights of St John

Jörg (name) m. George (a form of Georg)

jubeln w. cheer, rejoice

Jugend f. youth, young folks

Jünger m. disciple

Jungfrau f. virgin

Jüngling m. youth, young man

jüngst last; das jüngste Gericht the Last Judgment

Junker m. nobleman, knight

Jura *n.* law
Jurist *m.* lawyer

Kachelofen *m.* tiled stove
Kaiser *m.* emperor
Kamerad, -in *m.f.* comrade, companion
Kanzler *m.* chancellor, prime minister
Karfreitag *m.* Good Friday
Karl (*name*) *m.* Charles
Käse *m.* cheese
kasteien *w.* chastise, scourge
Katakombe *f.* catacomb, underground cemetery
Katharina (*name*) *f.* Catherine
Käthe (*name*) *f.* Kate
Katechismus *m.* catechism
Katholik *m.* Roman Catholic
katholisch Roman Catholic
Kauf *m.* purchase
kaum einer very few
Keller *m.* cellar
Ketzer *m.* heretic
Ketzerei *f.* heresy
Keuschheit *f.* chastity
Kindheit *f.* childhood
Kirchenamt *n.* Church office
Kirchenbann *m.* interdict, excommunication
Kirchengesang *m.* singing of hymns
Kirchenkonzil *n.* Church Council
Kirchenpostille *f.* book of family sermons
Kirchenvater *m.* Father of the Church
Kirchenverfassung *f.* Church constitution
Kirchenvisitation *f.* Church visitation

Kirchenwürde *f.* Church dignity, ecclesiastical position
kirchlich ecclesiastical, church
klar: sich darüber — sein be certain
Kleidung *f.* dress, garb
klettern *w.* climb
klingen *s.* ring, sound, rattle
klopfen *w.* knock, clap
Kloster *n.* monastery, convent; Schwarzes — *n.* Blackfriars' Monastery
Klosterbruder *m.* monk, friar
Klosterfrieden *m.* cloistered peace
Klostergelübde *n.* monastic vow(s)
Klostergut, -güter *n.* (*pl.*) monastic property and lands with their revenues
Klosterschüler, -in *m.f.* monastery *or* convent pupil
knacken *w.* crack
Knecht *m.* groom, servant, serving man
Knie *n.* knee
kochen *w.* cook, prepare
Kochgerät *n.* kitchen utensils, pots and pans
Kohle *f.* coal
Kollege *m.* colleague
Kollegiengelder (*pl.*) students' fees
komponieren *w.* compose, set to music
Konfession *f.* confession, confession of faith
körperlich bodily, physical
kostbar costly, precious
Kosten (*pl.*) cost(s), expense(s)
Kostgeld *n.* sum for board and lodging

6

krachen *w.* crash, roll

Kraft *f.* strength, force, power

kräftig strong, forceful; — gebaut sturdy

Krankheit *f.* illness

kreuz und quer in all directions

kriegen *w.* get; alle satt zu kriegen to satisfy all

Krise *f.* crisis

Küche *f.* kitchen

kühn bold, intrepid

Kühnheit *f.* daring, boldness, intrepidity

Kulturland *n.* civilised country

kümmern *w. (refl.)* take notice, care for, trouble about

Künste *(pl.)*: freie — liberal arts; Magister der freien — *m.* Master of Arts, M.A.

Kunstliebe *f.* love of art

Kunstschatz *m.* treasure of art

Kurfürst *m.* Elector

Kurkreis *m.* Electorate

Kurrendschüler *(pl.)*, Kurrende *f.* poor scholars, singing boys

Kutte *f.* monk's habit

Laie *m.* layman

Laien *(pl.)* the laiety

Landedelmann *m.* country nobleman

Landesherr *m.* ruling Prince to whom one owes allegiance

Landschaft *f.* landscape, countryside

langweilen *w.* bore, weary

lasten *w.* lie heavy; auf dem so viel lastete who bore such a heavy burden of care and responsibility

Latein, Lateinisch *n.* Latin

lateinisch Latin

Lateinschule *f.* grammar school

Laub *n.* foliage

Laubwald *m.* forest of non-coniferous trees

lauschen *w.* listen attentively

Laute *f.* lute

Lebender *m.* living man

Lebendigkeit *f.* vividness

Lebensbild *n.* biographical sketch

Lebensdauer: auf — for life

Lebensführung *f.* mode of life, way of living

lebhaft lively, impulsive

Lebhaftigkeit *f.* liveliness, high spirits, impulsiveness

Lederkäppchen *n.* leather skull-cap

Ledersofa *n.* leather couch

legen *w. (refl.)* lie down

Lehramt *n.* teaching, work as a teacher

Lehre *f.* teaching, doctrine

Leib *m.* body

leicht fallen *s.* be easy

Leid *n.* sorrow

Leiden *n.* suffering, disease

leidend suffering, in pain, ill

Leiter *m.* leader, head

Leonhard *(name) m.* Leonard

Lesen *n.* reading

leuchten *w.* shine

lieblich lovely, graceful, winsome

liefern *w.* supply, provide

List *f.* cunning

logieren *w.* lodge, stay in the house

luftig airy

Lukas *(name) m.* Luke

machen *w.* make, cause; **sich an...machen** *w.* set to work on; **sich nach ... machen** to betake oneself to

Macht *f.* might, power, authority

mächtig mighty

Magdalene (*name*) *f.* Magdalen

mager thin

Magistrat, Magistratsperson *m.f.* magistrate

Mahl *n.* meal

Maid *f.* maiden, girl; **-lein Schule** *f.* school for little maids

Malerschule *f.* school of painting

manchmal many a time, often

männlich manly, virile

Märe, Mär *f.* tidings; tale

Marmortreppe *f.* marble staircase

Märtyrer *m.* (*pl.*) martyr(s)

März *m.* March

mehr denn je more than ever

Meine: das — tun do my bit, do what I can; **ich habe das — getan** I have done what I could

melodisch melodious, musical

Mensch *m.* man, person, human being

Menschen (*pl.*) people, human beings

menschenfreundlich humane, kindly

merkwürdig remarkable; curious, strange

merkwürdigerweise strange to say, curiously enough

Messe *f.* mass; **— lesen** *s.* say mass

Mißbrauch *m.* abuse

Mißtrauen *n.* distrust

Mitarbeiter *m.* fellow worker, collaborator

mitgeben *s.* entrust to

Mittagessen *n.* midday dinner; **zu Mittag essen** *s.* dine

mitteilen *w.* communicate

Mittelpunkt *m.* centre

Mitternacht *f.* midnight

mittlerweile in the meanwhile

mitunter now and then

Möglichkeit *f.* possibility

möglichst as...as possible, whenever possible

Mönch *m.* monk, friar; **-sgelübde** *n.* monastic vow; **-sgezänk** *n.* monastic wrangling

Morgenandacht *f.* morning prayers

müde tired, weary

Muhme *f.* aunt; — Lene Auntie Nell (Lene *is short for both* Magdalene *and* Helene)

mühsam troublesome, painful, arduous

musikalisch musical

musikliebend music loving

mütterlich motherly

Nachfolger *m.* successor

nachsinnen *s.* meditate, think deeply, turn over in one's mind

nachts at night, by night

Nadelwald *m.* forest of coniferous trees

Nähe *f.* neighbourhood, vicinity

nähen *w.* sew

nähern *w.* (*refl.*) get nearer, approach

nahestehen *s.* be on terms of intimacy *or* of cordial mutual understanding

Narr *m.* fool

natürlich (*adv.*) naturally, of course

nebenherlaufen *s.* run alongside

necken *w.* tease

Nerven: seine — versagten *w.* his nerves could stand no more

neugegründet newly founded

Neuordnung *f.* reorganisation

Nicht-Widerrufung: bei — if he did not recant

niedrig low, menial

Nonne *f.* nun

Not *f.* want, worry

nötig necessary; das zum Schreiben Nötige writing materials

Novize *m./f.* novice

Nürnberg Nuremberg

Nuß *f.* nut

Oberpfarrer *m.* chief pastor

Obrigkeit *f.* authorities

Obstgarten *m.* orchard

öde deserted, dreary

Ofenecke *f.* corner by the stove

offenbar evident, obvious

öffentlich zur Sprache bringen *s.* bring before the public; in die Öffentlichkeit treten *s.* come before the public

Ohnmacht *f.* faint, fainting fit

Orden *m.* Order

Ordensbruder *m.* brother of the order (*i.e Austin Friar*)

Ordenstracht *f.* garb of the order, habit; ihre weiße —

the white robes of their order (*i.e. the Cistercians*)

Ostersonntag *m.* Easter Sunday

pachten *w.* rent

Palast *m.* palace

Papst *m.* pope

päpstlich papal

Patrizier *m.* Patrician

persönlich personal

Pest *f.* pest, plague

Pestzeit *f.* time of plague

Peterskirche *f.* St Peter's Church

Pfarre *f.* Church living

Pfarrer *m.* priest, pastor, minister

Pfarrerdienste (*pl.*) work as a clergyman

Pfarrwesen *n.* parochial matters

Pfennig *m.* penny; farthing (*the German Pfennig is worth half an English Farthing*)

Pflege *f.* care, nursing, looking after

Pflegemutter *f.* benefactress

pflegen *w.* be accustomed to

pflichttreu true to duty, faithful

Pförtchen *n.* small gate, postern

Pforte *f.* gate, portal

Pförtner *m.* doorkeeper, porter

Phantasie *f.* imagination

Philosophie *f.* philosophy; Baccalaureus der — Bachelor of Philosophy, B.Phil.; Doktor der — Doctor of Philosophy, Dr.Phil.

Pilatus (*name*) Pilate

Pilger *m.* pilgrim

pilgern *w.* go on pilgrimage

Plan *m.* plain; battlefield
Planwagen *m.* covered wagon
plappern *w.* gabble; „rips raps"
hinunter — gabble off at top speed
Platz schaffen *s.w.* make room
poetisch poetical
Portal *n.* porch
Posten *m.* post
prächtig gorgeous, sumptuous
praktisch practical
predigen *w.* preach
Prediger *m.* preacher
Predigt *f.* sermon; eine — halten *s.* preach a sermon
Predigtamt *n.* work *or* office of preaching
Predigtrecht *n.* right to preach
Predigttätigkeit *f.* work as a preacher
preisen *s.* praise, extol
Priester *m.* priest
Priesteramt *n.* work as a priest
Priesterehe *f.* a priest's marriage, the marriage of priests
Priesterweihe *f.* ordination as priest; die — erhalten to be ordained
Privatweg *m.* private path
Probejahr *n.* year of probation, novitiate
protestantisch Protestant
prunkvoll magnificent, dazzling
Psalter *m.* Book of Psalms im hebräischen — lesen to read the Psalms in Hebrew

Qual *f.* torment, torture
quälen *w.* torment

Rast *f.* rest

rastlos restless, unresting, indefatigable
Rastloser *m.* tireless worker
raten *s.* advise, counsel
rauben *w.* rob
Rechten: nach dem — sehen *s.* see that everything is in order
Rechtes: etwas — aus...werden turn out well
Rechtsbeistand *m.* legal adviser, counsel
Rechtsbuch *n.* book of law
Rechtsbücher (*pl.*) legal writings
Rechtswissenschaft *f.* law
redlich honest, honourable, sincere
Rednergabe *f.* gift of speech, eloquence
redselig talkative
Reformator *m.* reformer
reformatorisch reforming, as a reformer
Reformbestrebung *f.* desire for reform
reformieren *w.* reform
Regel: in der — as a rule
regelmäßig regular
Regierung *f.* reign, rule
Reichsacht *f.* ban of the Empire, proscription; in die — tun *s.*, die — verhängen über... put under the ban of the Empire, proscribe, outlaw
Reichsherold *m.* Imperial herald
Reichsstadt *f.* free city
Reichstag *m.* Diet
Reichtum *m.* wealth, riches
Reisegefährte *m.* travelling companion

Reisegeld n. money for the journey

reisen w. travel

Reisewagen m. travelling carriage

Reiseziel n. destination

Reisiger m. trooper, man-at-arms

reißen s. tear, snatch

Reitermantel m. long riding cloak

Reiterschar f. troop of riders, mounted gang

Reiterstiefel m. riding boot, top boot

Reitknecht m. groom, mounted servant

Rektor m. headmaster, principal

Religionskreig m. war of religion

religiös religious

Residenzstadt f. capital, residence

Rest m. remnant

Reue f. repentance

richten w. judge, condemn

richtig right, correct; proper

rings um, ringsum all round

rips raps at top speed (slang)

ritterlich chivalrous

Rolle f. part

Rom n. Rome

Römer m. Roman

römisch Roman

rotblond auburn

Rubin m. ruby

Ruck m. jerk, sudden start; mit einem — with sudden resolution

Rückkehr f. return

rufen s. call, cry

Ruhe: zur letzten — eingehen s. go to one's last rest

ruhig calm, quiet, serene

Ruhm m. fame

rühren w. move

rumoren w. make a great noise

Rüstung f. armour, war equipment

Rute f. rod; der Apfel bei der — the apple near the rod (rewards going hand in hand with punishments)

Saal m. hall

Sache f. matter, business, concern; eigne — f. own business

Sachsen Saxony

sächsisch Saxon

Sack m. sack, bag

Sage f. saga, legend

sagenreich rich in legends and stories

Samenkorn n. seed

sämtlich the whole of; complete, entire

Sandale f. sandal

Sankt, St m.f. Saint, St

Sarg m. coffin

satt satisfied (especially of food); — kriegen give enough to eat

sauber clean, neat

sauer sour; hostile

schaffen s. create, secure; w. get through, work

schätzen w. value, appreciate; admire

scherzen w. jest

scheuen w. be afraid of, shrink from

Schieferhauer m. slate cutter

schildern w. describe

schlafen s. sleep

Schlafsaal *m.* dormitory

Schlafzimmer *n.* bedroom

schlagen *s.* beat, strike

schlecht bad

Schleier *m.* veil

schleudern *w.* fling

schließen *s.* close, lock; make, form

Schloß *n.* castle, palace

Schloßhauptmann *m.* governor of a castle

Schloßkirche *f.* castle church

schlüpfen *w.* slip

schmerzhaft painful

schonen *w.* spare; (*refl.*) spare oneself, take enough rest

Schreck *m.* terror

Schreiben *n.* writing

Schreibtisch *m.* writing table, desk

Schreien *n.* screaming, yelling

schreiten *s.* stride, walk

Schrift *f.* writing, document, work; die Heilige — the Scriptures

Schriften (*pl.*) writings

schüchtern timid, shy

Schulden machen *w.* get into debt

schuldig guilty; due; — sein owe

Schüler: fahrender — *m.* wandering scholar

Schulter *f.* shoulder

Schulvisitation *f.* school inspection

Schulwesen *n.* system of education

Schulzwang *m.* compulsory education

Schuß: ordentlich in — bringen

s. get going, get into good working order

Schutzbefohlener *m.* protégé, charge

Schützling *m.* protégé

Schwaben Suabia

Schwager *m.* brother-in-law

Schweigen *n.* silence; zum — bringen *s.* silence, make someone hold his tongue

schweigend in silence

schweigsam silent

Schweinezucht *f.* pig breeding

Schweizer *m.* Swiss

schweizer Swiss

schwelen *w.* smoulder, smoke

schwelend smoky

schwer hard, difficult; heavy; grave; — fallen be difficult; es fiel ihm — he found it difficult

schwermütig melancholy, depressed

Schwert *n.* sword

Schwiegersohn *m.* son-in-law

Schwiegertochter *f.* daughter-in-law

schwierig difficult

Schwindel *m.* giddiness

schwül close, sultry

sechsjährig six-year-old

Seele *f.* soul

Seelenheil *n.* salvation; um sein — for the good of his soul

Seelennot *f.* mental agony, anguish

seelisch spiritual

Segen *m.* blessing

sehen: zu — bekommen *s.* catch sight of, be allowed to see

Sehnsucht *f.* longing

selbständig independent
selbstbewußt self-assured, self-confident, proud
selig blessed, blissful; good
selten (adj.) rare
seltsam strange, curious
senken w. lower
setzen: einen Ofen — w. put in a stove
Seuche f. infectious disease, epidemic
seufzen, aufseufzen w. sigh
Sinn: gesunder — m. sane outlook
sinnend deep in thought
Sitte f. custom
Sitzung f. session, assembly, meeting
sonnig sunny
Sonntagswams n. Sunday doublet
sonst otherwise, in other ways
Sorge f. care, anxiety
sorgfältig careful
Sorten: dreierlei — three different kinds
Spanien Spain
Spanier m. Spaniard
spanisch Spanish
sparsam saving, economical, thrifty
Speisesaal m. refectory, dining room
Spielgenosse m. playmate
Spitze f. head
sprengen w. gallop
Spruch m. saying, text, maxim
Spur f. trace, track, scent
spurlos unnoticed, without leaving a trace; waren nicht — vorübergegangen had left their traces

Stab: den — brechen pronounce sentence, condemn
Stadtkirche f. town church, parish church
Stadtschreiber m. town clerk
stahn (for stehen) s. stand; remain unchallenged; lassen — (for stehen lassen) leave unchallenged, uphold
stärken w. strengthen
Stätte f. abode, home
stattlich stately, dignified, of noble appearance
steigen s. rise; mount, go up; step out; increase
steigern w. increase, enhance
Steinleiden n. stone, gallstones
Stellvertreter m. deputy, representative; — Christi Vicar of Christ
sterblich mortal
Stich m. stitch; im Stiche lassen s. leave in the lurch, desert
stiften w. give, endow
Stillen: im stillen secretly, unobtrusively
Stimmung f. feeling, mood; atmosphere
stolz proud
stören w. disturb, worry
Straßensingen n. singing in the streets
strebsam zealous, assiduous, industrious
Streit m. dispute, quarrel; struggle, fight, conflict
streiten s. fight, do battle
Strenge f. severity
Strohsack m. pallet, straw mattress
strömen w. stream, pour
Studiengenosse m. fellow student

Studienzeit f. student years

Studium n. study, studies

Stufe f. step

sturmbewegt storm tossed, stormy

Sturmwind m. hurricane, gale

stutzig taken by surprise

Suchen n. search

Summe f. sum of money

Sünde f. sin; begangene wie zu begehende Sünden past as well as future sins

Suppe f. soup

tagen w. sit, take place

Tagesplan m. plan of the day's work

tagsüber during the day

Tat f. deed, action

tätig active

Tätigkeit f. activity, work

taufen w. christen

täuschen w. deceive, delude, disappoint; (refl.) be deceived, mistaken, disappointed

Teufel m. devil

Teufelsvorstellungen (pl.) delusions of the devil's presence

Theologie f. theology, divinity

These f. thesis, proposition to be maintained

Thron m. throne

Thronsessel m. canopied chair of state representing a throne

Thüringen Thuringia

Thüringerwald m. Forest of Thuringia

Tintenfaß n. inkstand

Tintenfleck m. inkspot, blot

Tisch: bei — at table; nach — after a meal, after dinner

Titel m. title

toben w. rage

Totenmesse f. mass for the dead, requiem

trauen w. perform the marriage ceremony

trauern w. mourn, sorrow, grieve

Trauerzug m. funeral procession

Trauung f. marriage ceremony

Trauzeuge m. marriage witness

Trauzeugen (pl.) marriage witnesses; those present at a wedding

Treiben: das — in Rom the goings on in Rome

Trennung f. separation

Treue f. loyalty

treusorgend devoted

Triumphzug m. triumphal progress

trösten w. comfort

trotzen w. defy

Truhe f. chest

Tuchhose f. cloth breeches

tüchtig capable, efficient

Türmer m. watchman on a tower

Überfall m. attack, assault

überfüllen w. fill to overflowing; overcrowd

überreichen w. present

überschreiten s. cross

Überschrift f. superscription, address of writer

übersetzen w. translate; fertig — w. finish translating

Übersetzung f. translation

übersiedeln w. take up one's abode, settle

Übersiedlung f. migration

übervoll brim full, filled to overflowing

Überwachung f. supervision, control

überzeugen w. convince; bei seiner Überzeugung bleiben s. stand firm; remain true to one's convictions

umgehen s. mit Geld — to manage money

umherstreifen w. roam about

umherziehen s. wander about

umsonst in vain

Umstände (pl.) circumstances; unter Umständen on occasion

Umweg m. bypath, roundabout path or way

unangefochten undisturbed, in peace

Unart f. naughtiness

unaufhörlich unceasing, constant

unbarmherzig merciless

Unbekannte(r) m. unknown man

unendlich infinite

unentgeltlich free of charge, without payment

unermüdlich untiring, indefatigable, without ceasing

unerschrocken fearless

unerschütterlich immovable, unswerving, firm as a rock

unerwartet unexpected

unfreundlich unkind, hard

ungeheur enormous, tremendous

ungemütlich uncomfortable, in discomfort

ungestraft unpunished, with impunity

ungewohnt unaccustomed

Universität f. university

Universitätsstadt f. university town

unmittelbar immediate

unpassierbar impassable, not to be crossed

Unruhe f. unrest, restlessness

unterbringen s. lodge; gut untergebracht in good hands, well cared for

Unterhalt m. livelihood; — bestreiten s. gain a livelihood

unterhalten s. entertain, support; (refl.) talk, converse

unterschreiben s. sign

untersetzt short and stocky

Unterstützung f. help, support

Untertan m. subject

unterwegs on the road, on the way, away from home

Unterwerfung f. submission

unverändert unchanged, unaltered

unverschämt impudent, brazen, shameless

unweit not far

Unwille m. dissatisfaction, anger

unwillig vexed, angry

unwürdig unworthy

unzählig innumerable, countless

unzweideutig unequivocal

üppig luxurious

Urkirche f. primitive Church

Ursprache f. original language

väterlich fatherly

verabreden: das Weitere — w. talk over and arrange everything else

verachten w. despise

verächtlich contemptuous

veranlaſſen *w.* cause, get
verantwortlich responsible
Verantwortung *f.* responsibility
verarmt impoverished
verbannen *w.* exile
verbergen *s.* hide, conceal
verbinden *s.* unite, join
verbreiten *w.* spread, circulate
verbrennen *s.* burn, burn alive
Verbrennung *f.* burning
Verdacht *m.* suspicion
verdammen *w.* condemn
verdanken *w.* owe
Verdruß *m.* vexation, anger
Verein: im — mit together with, in conjunction with
verehren *w.* revere
verfallen *s.* fall into decay, crumble away
verfaulen *w.* rot, decay
verfolgen *w.* follow, pursue, persecute
Verfolger *m.* pursuer, persecutor
Verfolgung *f.* pursuit, persecution
vergeblich vain
Vergebung *f.* forgiveness, pardon
vergelten *s.* return, repay, requite
vergießen *s.* spill, shed
Vergleich *m.* comparison, compromise, agreement
vergönnen *w.* grant
Verhandlung *f.* transaction, negotiation; debate, conference
verhängen *w.* inflict, decree
verkünden *w.* proclaim, preach
verlangen *w.* require, demand

verleben *w.* spend
verleihen *s.* grant, bestow, confer; lend
verleſen *s.* read aloud; read publicly
verloben *w.* (*refl.*) get engaged, be betrothed
vermeiden *s.* avoid
vermiſſen *w.* miss
vermuten *w.* presume; divine, foresee
vernachläſſigen *w.* neglect
vernichten *w.* destroy, annihilate
Vernunft: zur — bringen *s.* make someone see reason
verraten *s.* betray
verrichten *w.* perform, carry out
verſagen *w.* fail; give way, break down
verſammeln *w.* (*refl.*) assemble
Verſammlung *f.* assembly
verſchenken *w.* give away
verſchieden different, various
verſchließen *s.* lock up, shut up, secure
verſchloſſen locked up, securely fastened; reserved, undemonstrative
verſchneit snowed up
verſchollen (*p.p. of* verſchallen) vanished, missing
verſchüchtert frightened, cowed
verſchwiegen silent, discreet
verſchwinden *s.* disappear
verſichern *w.* assure
verſöhnen *w.* reconcile
verſorgt provided for
Verſtändnis *n.* understanding and sympathy

verstecken w. hide, conceal

Verstorbene(r) m. dead man, deceased

Versuch m. trial, attempt

versuchen w. try, attempt

verteidigen w. defend

vertragen s. (refl.) agree, be compatible, be in accordance

vertrauensvoll trustful

verträumt dreamy

vertraut familiar

Vertraute(r) confidant, trusted friend or servant

vertreten s. represent, deputise

verübt perpetrated

verurteilen w. sentence, condemn

verwaist orphaned

verweigern w. refuse

Verwüstung f. laying waste, destruction, ruin

verziehen s. delay; leave

Viehzucht f. cattle-breeding

Vielbeschäftigte(r) m. very busy man

vierfensterig with four windows

Vikar m. vicar

Volksmenge f. crowd, crowd of people

vollenden w. complete

vollgedrängt crowded

völlig complete, absolute

vor sich gehen s. proceed, advance

Vorabend m. evening before; vigil

voran in advance, in front; leading, foremost

vorbereiten w. prepare

vorgehen s. proceed, take steps

Vorgesetzter m. superior

vorig previous

vorlesen s. read aloud

Vorlesung f. university lecture or class

Vormund m. guardian

vornehm aristocratic, well-born

vorschlagen s. suggest, propose

Vorsicht f. prudence, care

vorsichtig careful

vorstehen s. preside over

vorstellen w. present, introduce

vortragen s. lecture, lecture on

vorwärtskampfen w. (refl.) fight one's way onward, battle forward

vorwerfen s. throw to; reproach

vorzeigen w. show; present

vorzüglich excellent

wachen w. be awake; watch

wachrufen s. awaken

Waffe (Waffen) f. weapon

Waffenschmied m. armourer

wagen w. dare, venture

wählen w. choose, elect

währenddessen during this time, meanwhile

wahrscheinlich probably

Wams n. doublet, tunic

Ware, Waren f. (pl.) goods

Warmbier n. spiced ale; egg flip made with ale

warnen w. warn

was aus ihm geworden sei what had happened to him

Weg: sich auf den — machen s. start; auf halbem Wege half way

Wehr f. defence

weigern w. (refl.) refuse

weihen w. consecrate

Weihnachten (pl.) Christmas

Weihnachtslied *n.* Christmas carol

Weilchen *n.* little while, short time

weilen *w.* be, stop, stay

Weinstube *f.* wine-shop

weise wise

weiteres: ohne — without further ado, forthwith

weiterführen *w.* continue to lead, go on leading

Weiterstudium *n.* further study

weitherzig broadminded

weitoffen wide open

weltberühmt world famous

Welterschütterer *m.* one who shakes the world to its foundations

weltlich worldly, temporal, in worldly fashion

wenden *s.* or *w.* (*refl.*) turn, proceed; sich zum Gehen — turn to go

Wendung *f.* turn of affairs

wenigstens at least

werden *s.* (*unusual in this sense*) wem sie mag — to whomsoever it may be given

Wert *m.* worth, value; — legen auf attach value to

widerrufen *s.* recant, retract, revoke; withdraw; disclaim publicly; Nicht-Widerrufung *f.* refusal to recant

Widerspruch *m.* contradiction, opposition

Widerstand *m.* resistance

widerstreben *w.* es widerstrebte seinem mutigen Sinn his brave spirit rebelled

wiedersehen *s.* see again, meet

Wiedersehen *n.* meeting

Wiege *f.* cradle

Wildbret *n.* game, venison

Willen: wider — against one's will, unwillingly

willkommen heißen *s.* bid welcome, make welcome

Wintereinsamkeit *f.* lonely winter days

wirken *w.* work, be active

Wirren (*pl.*) tangles, troubles

Wissen *n.* knowledge; nichts — wollen mixed, not want to appear to know anything

wissensdurstig thirsting for knowledge, eager to learn

Witwe *f.* widow

wochenlang for weeks

wohin whither

wohlbehalten safe and sound

wohlgesinnt well-disposed

wohlhabend well-to-do

wohlwollen wish well, be kindly disposed

Wohlwollen goodwill

Wohnstätte *f.* dwelling, home

Wohnzimmer *n.* living room, sitting room

wollen wish; ich wollte dem deutschen Lande gern geraten und geholfen haben I should be glad to know I had counselled and helped Germany

Zebaoth Sabaoth

zeigen: mit dem Finger — *w.* point with one's finger

Zeitgenosse *m.* contemporary

Zeitlang: eine — for a time

zeitlebens for life

Zelle *f.* cell

zerreißen *s.* tear, be torn

zerſchleißen *s.* wear out, fall to pieces

zerſchneiden *s.* cut up

Ziegel *m.* tile, brick

Zierde *f.* ornament

Zinn *n.* pewter

ziſchen *w.* hiss

Ziſterzienſer *m.* Cistercian monk, White Friar

Ziſterzienſerin *f.* Cistercian nun

Zubehör *n.* appurtenances, accessories

zudecken *w.* cover, cover up

Zuflucht *f.* refuge

Zufluchtsort *m.* place of refuge

Zug *m.* trait, feature; party; procession

zugänglich accessible

zugegen present

Zügel (*pl.*) reins; die — führen *w.* hold the reins, rule the roost

zurückhaltend reserved

zuſammenhalten *s.* stand together, be united

Zuſammenhang *m.* connection

zuſammenwirken *w.* work together, co-operate

zuweilen sometimes

Zwang *m.* compulsion

Zwanzigen: in den — ſtehen be in the twenties

Zweck *m.* aim, purpose

zweifenſtrig with two windows

Printed in the United States
By Bookmasters